dumont taschenbücher

Peter F. Dunkel, geb. 1939 in Berlin. Nach dem Abitur zunächst Jurastudium an der Freien Universität Berlin und der Faculté de Droit in Paris. 1963 Wechsel zum Studium der Ethnologie, Alt-Amerikanistik, Vor- und Frühgeschichte sowie des Indonesischen an der Freien Universität Berlin. Während des Studiums freier Mitarbeiter am Museum für Völkerkunde in Berlin; 1971/72 Leitung des Junior- und Blindenmuseums am Museum für Völkerkunde. Promotion zum Dr. phil. mit einer Arbeit über Tatauierung auf Borneo. Seit 1976 Leiter des Theodor-Zink-Museums in Kaiserslautern.

Schattenspielfigur aus Thailand: Nang Sita (?), Nang-talung. Pergament, Höhe 46 cm. Um 1900. Offenbach, Deutsches Ledermuseum

Peter F. Dunkel

Schattenfiguren – Schattenspiel
Geschichte – Herstellung – Spiel

DuMont Buchverlag Köln

Umschlagabbildung: »Les ombres chinoises«. Kupferstich von D. Chodowiecki.
Um 1780 (vgl. Abb. 61).

Für Carolin und Bettina

CIP-Kurztitelaufnahme der Deutschen Bibliothek

Dunkel, Peter F.:
Schattenfiguren – Schattenspiel: China, Japan,
Indien, Thailand, Indonesien, Türkei, Persien,
Nordafrika, Europa; Geschichte – Herstellung –
Spiel / Peter F. Dunkel. – Erstveröff. –
Köln: DuMont, 1984.
  (DuMont-Taschenbücher; 152)
  ISBN 3-7701-1375-6
NE: GT

Erstveröffentlichung
© 1984 DuMont Buchverlag, Köln
Alle Rechte vorbehalten
Satz, Druck und buchbinderische Verarbeitung: Boss-Druck, Kleve

Printed in Germany   ISBN 3-7701-1375-6

Inhalt

Vorwort 7

China 9
Die Figuren 10 – Ikonographie 14 – Bühne und Spieltechnik 17

Taiwan 22

Japan 23

Indien 24
Die Figuren 25 – Bühne und Spieltechnik 33 – Spielablauf in Mysore und Andhra Prades 36 – Spielablauf in Kerala 41

Java 43
Die Herstellung der Wayang-kulit-Figuren 47 – Die Bühne 58 – Die Vorstellung 60 – Anlaß zu einer Wayang-Aufführung 61 – Der Dalang 62 – Das Orchester 65

Bali und Lombok 67

Malaysia 77
Herstellung der Figuren 79 – Bühne und Spieltechnik 81

Thailand 87
Die Figuren des Nang-talung 94 – Bühne und Spielablauf beim Nang-yai 100 – Bühne und Spielablauf beim Nang-talung 102

Mahabharata und Ramayana, die zentralen Themen des
südostasiatischen Schattentheaters 108
Das Mahabharata 108 – Das Ramayana 110

Türkei 113
Die Figuren 115 – Bühne und Spieltechnik 118 – Die Vorstellung 120

Persien 149

Ägypten 150

Tunesien 157

Europa 159
Italien 159 – Deutschland 160 – Frankreich 172 – »Spanisches« Schattenspiel 176 – England 176 – Niederlande 177 – Griechenland 177

Schattentheater zum Selbermachen 179
Die Figuren 179 – Die Bühne 182 – Kulissen 186 – Spielanleitung 186

Museen mit Sammlungen von Schattenspielfiguren 188
Bundesrepublik Deutschland 188 – Deutsche Demokratische Republik 190 – Frankreich 190 – Großbritannien 190 – Niederlande 191 – Österreich 191 – Schweiz 192

Schattentheater 192

Karten zur Verbreitung des Schattenspiels 193

Literaturhinweise 194

Glossar 198

Abbildungsnachweis 203

Vorwort

Das visuelle Erleben von Licht und Schatten in ihrer Veränderlichkeit hat die Menschen von alters her fasziniert. Der eigene Schatten wird im Volksglauben als Seele, als das *alter ego* gesehen. Kultische und magisch-religiöse Vorstellungen und Handlungen beschäftigen sich mit dem Schutz des eigenen Schattens und dem Wunsch, über die Schatten – sprich Seelen – anderer zu gebieten. Auch das Schattenspiel, bei dem mit Hilfe von flachen Figuren künstlich erzeugte Schatten agieren, wurzelt in magisch-religiösen Vorstellungen, wie noch heute in den Aufführungen auf Java und Bali zu erkennen ist. Für die Entstehung des Schattentheaters in China ist eine ursprüngliche Verbindung mit dem Totenkult überliefert.

Das Schattenspiel gehört zu den ältesten dramatischen Kunstformen der asiatischen Hochkulturen. Die Dramen basieren auf den religiösen und mythischen Überlieferungen der verschiedenen Kulturen, in den hinduistischen Epen des *Mahabharata* und *Ramayana* und in den buddhistischen und taoistischen Legenden. Hinzu kommen Märchen, Sagen, Helden- und Räubergeschichten.

In Europa gab es niemals eine originäre Form des Schattentheaters. Im 17. Jahrhundert wird das asiatische Schattenspiel in Europa bekannt. Der Begriff »ombres chinoises« (chinesische Schatten) kennzeichnet mehr das modische Interesse des 18. Jahrhunderts an »Chinesischem« als das Wissen um die Herkunft des Schattentheaters. Trotz seiner großen Beliebtheit im 18. und zu Beginn des 19. Jahrhunderts – 1781 schreibt Goethe für ein Musikschattentheater das Libretto – erlangt es nie die Volkstümlichkeit des Puppentheaters und ist heute fast völlig in Vergessenheit geraten.

Die Grundkonzeption des Schattentheaters ist in allen Ländern und Kulturen die gleiche. Die flachen Figuren werden zwischen einer Leinwand und einer Lichtquelle so bewegt, daß ihr Schatten auf der dem Zuschauer zugewandten Seite des Bildschirms sichtbar wird. Der Vergleich der Schattentheaterfiguren miteinander zeigt formale Gesetzlichkeiten. In der stilistischen Ausprägung werden jedoch entscheidende regionale Unterschiede deutlich.

Mit dem Ferntourismus, dem Antiquitätenhandel und der Einfuhr modernen asiatischen Kunstgewerbes gelangen zunehmend Schattenspielfiguren nach Mitteleuropa. Dieses Buch gibt einen Überblick über die Geschichte des Schattenspiels, seine Verbreitung und unterschiedliche Gestaltung in Asien, Nordafrika und Europa, beschreibt die Herstellung der reizvollen Figuren und ihre Funktion in den verschiedenen Spielhandlungen. Dem Liebhaber dieser fremdartigen Figurenwelt bietet es Hilfen zur stilistischen und regionalen Einordnung, dem spielfreudigen Laien eine Anleitung zum Bau von Bühne, Kulissen und Figuren.

China (Farbt. 1–8)

Das Schattentheater *Pi ying xi* ist wie die berühmte Oper bis heute integraler Bestandteil der chinesischen Kultur. In Texten aus dem 11. Jahrhundert n. Chr. wird das Schattentheater erwähnt; wahrscheinlich ist es jedoch schon wesentlich früher entstanden. Der Überlieferung nach soll das Schattentheater seinen Ursprung in der Regierungszeit des Kaisers Wu (141 bis 87 v. Chr.) der Han-Zeit (206 v. Chr. bis 220 n. Chr.) haben. Der Kaiser war unendlich betrübt über den Tod seiner Lieblingsfrau. Da läßt sich der Magier Shao Wong beim Kaiser melden und verspricht ihm, die Tote erscheinen zu lassen. In einem dunklen Raum läßt er vor einer Lichtquelle ein Tuch spannen und bittet den Kaiser, auf der anderen Seite Platz zu nehmen. Auf den Vorhang projiziert Shao Wong ein Schattenbild, in dem der Kaiser seine Lieblingsfrau zu erkennen glaubt. Diese Erzählung enthält einen deutlichen Hinweis, daß zwischen Schattenspiel und Totenkult ursprünglich ein Zusammenhang bestand.

Nach Berichten aus der Sung-Zeit (960 bis 1220) wurden auf Märkten Rezitationen und Nachrichten von Schattentheaterszenen begleitet. In den Straßen Pienlangs, heute Kaifing in der Provinz Honan, wurden an Festtagen Buden errichtet, in denen man die Kinder mit Schattenvorführungen vergnügte.

Aus derselben Zeit sind bildliche Darstellungen bekannt, die Kinder beim Nachahmen von Schattenspielen zeigen. Ein Bericht aus dem Jahre 1235 gibt einen kurzen Hinweis auf Material und Aussehen der Schattentheaterfiguren: Die Figuren waren aus Papier geschnitten, die Guten mit menschlichen Gesichtern, die Bösen mit Teufelsfratzen ausgestattet.

Im 14. Jahrhundert prägt sich das bis heute kaum veränderte Aussehen der Figuren. Während der Ching-Dynastie (1644 bis 1711) erlebte das Schattentheater seine höchste Blüte. Es erfreute sich bei der Bevölkerung und am Kaiserhof größter Beliebtheit.

Die Figuren

Bei den chinesischen Schattenspielfiguren können zwei Gruppen unterschieden werden: die etwa 40 cm hohen Figuren des Peking- und die etwa 70 cm hohen des Szetschuan-Stiles. Hergestellt werden die Figuren aus dünnem, lichtdurchlässigem Pergament. Regional werden verschiedene Tierhäute verwendet: in Peking Eselshaut, in Hangehan Schafshaut, in Hankon und Chingfan Rinderhaut; die Figuren aus Szetschuan sind aus Büffelhaut. In der Ming-Zeit (1368 bis 1644) wurden die Figuren angeblich aus Affenhaut geschnitten. In neuerer Zeit werden auch wieder Papierfiguren hergestellt.

Die Haut für die Figuren wird so lange mit Salpeter gegerbt, bis sie durchscheinend geworden ist. Die Figuren sind aus mehreren Teilen

◁ 1 China, Szetschuan: »Der Überfall in den Bergen«. V. l. n. r.: Rebellensoldat. Höhe 63 cm. Offizier. Höhe 72 cm. Rebellensoldat. Höhe 68 cm. Rebellengeneralin Goldlotus Dong. Höhe 88 cm. Pergament. Um 1920. Offenbach, Deutsches Ledermuseum

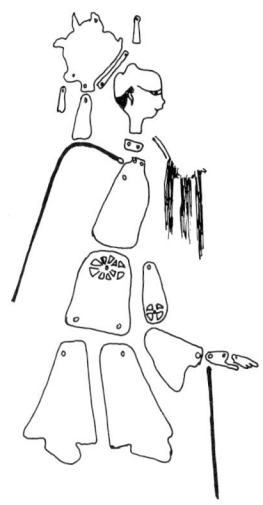

Fig. 1 Einzelteile einer chinesischen ▷ Schattenspielfigur

beweglich zusammengesetzt. Kopf, Ober- und Unterkörper, Arme, Hände und Beine werden vom Hersteller aus freier Hand oder mit Hilfe von Schablonen aufgezeichnet. Ist eine zerspielte Figur durch eine neue zu ersetzen, werden die Teile der alten Figur auf das Pergament übertragen. Die verschiedenen Körperteile, Gesichtszüge und Muster in der Kleidung werden mit speziell für die Figurenherstellung geschliffenen Messern oder Lochstanzen ausgeschnitten. Das Pergament liegt dabei auf einer harten Unterlage, die in Peking zusätzlich mit einer Wachsschicht bedeckt ist, damit die Klingen, wenn sie das Pergament durchstoßen, nicht abstumpfen. Die Binnenzeichnung der Figuren wird sehr filigran und ornamental ausgearbeitet. An den Gelenkstellen, wo sich die einzelnen Teile überschneiden, wird jeweils ein Teil radförmig ausgeschnitten, damit der Zusammenhang der Binnenmuster in jeder Stellung gewahrt bleibt. Die ausgeschnittenen Teile der Figur werden mit mehreren Farbschichten bemalt. Die traditionellen Figuren waren ausschließlich mit Naturfarben bemalt, während heute viele Hersteller die billigeren synthetischen Farben verwenden. Um die Haltbarkeit der Naturfarben zu erhöhen, rührt sie ein Pekinger Figurenschneider mit Wein an. Nach dem Farbauftrag wird das Perga-

2 China, Peking: Hofdame. Pergament, Höhe 27,5 cm. 18. Jh. Theatermuseum d. Inst. f. Theaterwissenschaft d. Universität Köln

3 China, Peking: Dämon. Pergament, Höhe 23,5 cm. 18. Jh. Theatermuseum d. Inst. f. Theaterwissenschaft d. Universität Köln

4 China, Szetschuan: Ringer (?) (Köpfe auswechselbar). Pergament, Höhe 26,5 cm (links); 28,5 cm (rechts). 19. Jh. Theatermuseum d. Inst. f. Theaterwissenschaft d. Universität Köln

ment eingeölt; so wird es durchscheinender, und die Leuchtkraft der Farben vertieft sich. Beim Zusammensetzen der Teile zur Figur werden die Gelenke mit Stegen aus Knochen oder Holz oder mit Schnur beweglich miteinander verbunden. Die Köpfe sind fast immer auswechselbar und können verschiedenen Körpern aufgesetzt werden. Als Halterung ist am Hals eine Pergamentschlaufe aufgenäht, in die man den Kopf einstecken kann.

Zum Führen und Halten der Figuren befestigt man am Hals einen leicht gebogenen Stab aus Eisen oder Horn (den Lebensstab der Figur), dessen unteres Ende mit einem Holzgriff versehen ist. Zur Führung der Hände werden dünne Holz- oder Bambusstäbchen angebracht. Die Stäbe sind so an der Figur befestigt, daß sie sich während des Spiels leicht um die eigene Achse drehen läßt. Die Beine hängen bei allen

5   China, Szetschuan: Katze. Pergament, 5,5 × 13,5 cm. Katze. Pergament, 4,5 × 16 cm (unten). 19. Jh. Theatermuseum d. Inst. f. Theaterwissenschaft d. Universität Köln

Figuren lose herab. Obwohl dieser Führungsmechanismus sehr einfach ist, sind die chinesischen Schattenspielfiguren äußerst beweglich und zeichnen sich durch einen großen Gestenreichtum aus.

Ikonographie

Das Repertoire des chinesischen Schattentheaters umfaßt buddhistische und taoistische Mythen und Legenden, historische Romane (zum Beispiel »Die Räuber vom Liang Shan Moor«), Begebenheiten aus der chinesischen Geschichte und Mythologie. In Zaubergeschichten kämpfen Götter, Drachen und Dämonen, in den Stücken moralischen Inhalts werden Kinderliebe, Gattentreue und Edelmut gepriesen, aber auch bestechliche Richter, korrupte Beamte und unfähige Minister angeprangert. Die Strafen der Verdammten werden dem Publikum in aller Ausführlichkeit zur Mahnung vorgeführt.

6 China, Peking: Wohnhaus (?). Pergament (aus 6 Teilen zusammengesetzt), 81,5 × 63 cm. 19. Jh. Theatermuseum d. Inst. f. Theaterwissenschaft d. Universität Köln

Entsprechend vielfältig sind die Rollen und Gestalten der Schattenspielfiguren. Dargestellt werden die Götter des chinesischen Pantheons, Höllenfürsten, Könige, Beamte, Kaufleute, Handwerker, Bauern, Soldaten, Diebe und Räuber. Die Figuren sind immer im Profil wiedergegeben, nur Buddha und die Geister werden en face gezeigt. Gesichts-

7 China, Peking: Kutsche (Rad beweglich). Pergament, 34 × 57,5 cm. Szetschuan: Schmetterling. Pergament, 12 × 15,5 cm. Peking: Baum (Kulisse). Pergament, Höhe 43 cm. 19. Jh. Theatermuseum d. Inst. f. Theaterwissenschaft d. Universität Köln

schnitt und Farbe lassen den Charakter einer Figur erkennen. Bei hochstehenden, edlen Frauen sind die Gesichtsflächen so ausgeschnitten, daß nur noch feine Stege als Konturen von Stirn, Nase und Mund stehenbleiben; die Gesichter erscheinen dadurch licht und durchscheinend. Weißgemalte Gesichter hingegen kennzeichnen den bösen Menschen, Rot ist die Farbe der Helden und treuen Gefolgsleute, Schwarz die der Hitzköpfe und Raufbolde. Bei edlen und schönen Frauen bilden Stirn und Nase eine schräge Linie, die Augen sind mandelförmig. Beulen auf der Stirn und ein tiefer Einschnitt über der knollenartigen Nase charakterisieren gemeine Menschen und Dämonen. Generell werden die typischen Merkmale einzelner Personen oder Standessymbole durch übersteigerte Wiedergabe hervorgehoben. Durch die austauschbaren Köpfe ist es möglich, Figuren in einem Stück in verschiedenen Lebensaltern oder wechselnden Kostümen zu zeigen.

Neben den Figuren von Menschen, Geistern und Dämonen gibt es im chinesischen Schattenspiel viele Tierdarstellungen. Die Tiere sind durch ihre Gelenke so flexibel, daß sie fast alle natürlichen Bewegungen ausführen können. Pferde gehen im Schritt, traben, galoppieren, werfen den Kopf zurück, Tiger schleichen, ducken sich zum Sprung und setzen ihrer Beute nach.

Teufel und Dämonen werden mit menschlichen Körpern und Tierköpfen dargestellt.

Das chinesische Schattentheater zeichnet sich durch einen ungeheuren Reichtum an Requisiten und Kulissen aus: Wohnhäuser, Läden mit ganzer Inneneinrichtung, Festungen, Paläste in Innen- und Außenansicht, Bäume und Felsen bezeichnen den Ort der Handlung.

Bühne und Spieltechnik

Neben festen Schattentheatern in allen größeren Städten gab und gibt es umherziehende Truppen, die auf Märkten und in Privathäusern ihre mobilen Bühnen aufschlagen. Bis zur Revolution war die häusliche Vorstellung schon deswegen so verbreitet, weil das Schattenspiel die einzige Form von Theater war, an der auch ehrbare Frauen und Kinder teilnehmen durften. Bei Einladungen in Privathäuser legte der Spieler eine Liste seines Repertoires vor, aus dem die Familie ein Stück auswählte.

Zur Aufführung in geschlossenen Räumen teilt man einfach eine Zimmerecke mit einer großen zwischen zwei senkrechte Stangen gespannten Leinen- oder Seidenbahn ab, die von hinten mit einer Öllampe oder elektrischen Glühbirnen erhellt wird. In neuerer Zeit kann der Spielschirm auch aus Kunststoffolie oder Milchglas bestehen, besonders, wenn mit Papierfiguren gespielt wird.

Im Freien baut man auf einem etwa 80 cm hohen Podest ein kastenartiges, zur Zuschauerseite mit einem Rahmen geöffnetes Bühnengerüst. Der Spielschirm aus Leinwand oder geöltem Papier wird zu beiden Seiten mit Hilfe von Leinenbändern an den Latten des Rahmens befestigt. Oben und unten wird je ein Bambusstab durch Schlaufen gezogen und ebenfalls am Bühnenrahmen montiert. Der untere Teil der Bühne wird mit einem Tuch verhängt. Häufig errichtet man den Spielschirm nicht senkrecht, sondern mit der Oberkante leicht zum Publikum geneigt. So kann der Spieler eine Figur, die gerade nicht bewegt wird, gegen den Schirm lehnen, und er hat die Hände frei, um andere Figuren zu führen. Unterhalb des Spielschirmes befindet sich der Spiel-

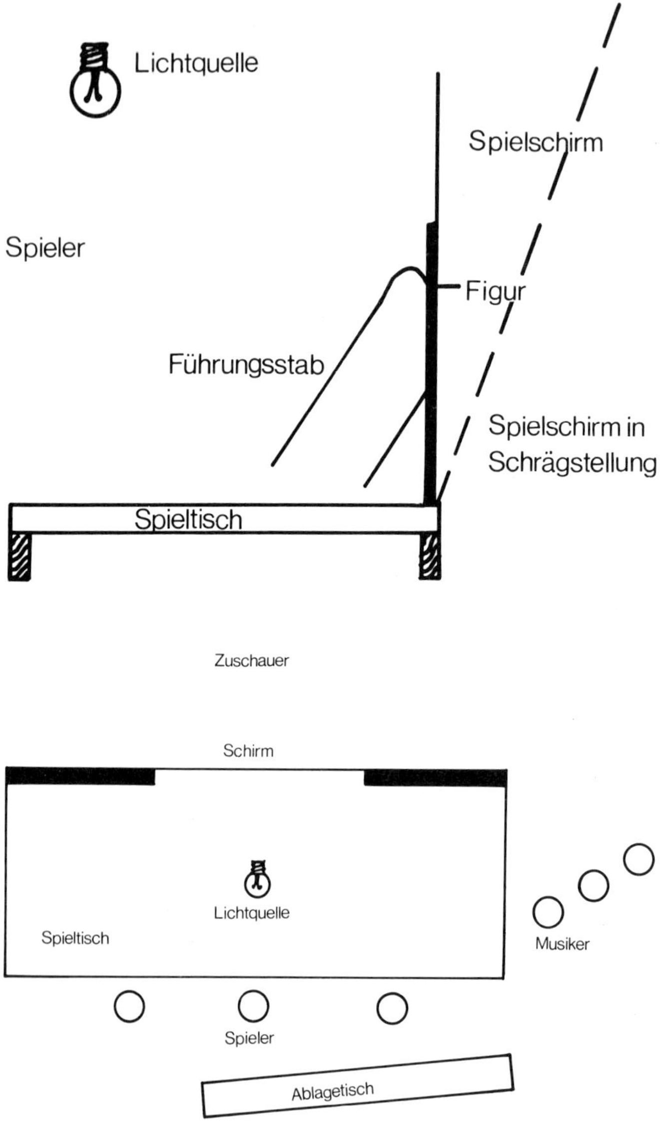

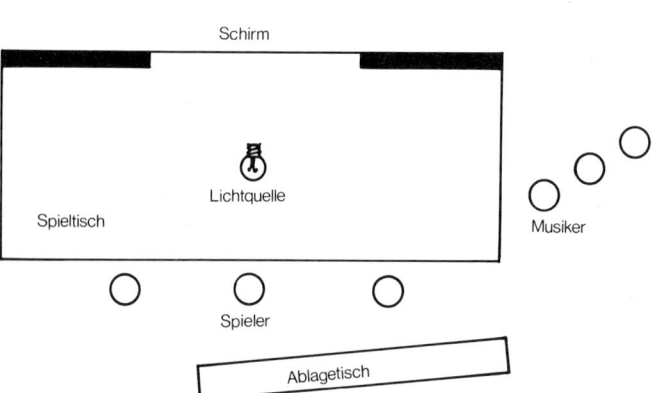

Fig. 2 Schematische Darstellung einer chinesischen Bühne (im Querschnitt und von oben gesehen)

tisch, auf dem vor dem Spiel Figuren und Kulissen griffbereit ausgebreitet werden. Auf diesem Tisch stehen auch die gegen den Spielschirm gelehnten Figuren auf; die Stützstäbe finden Halt auf einer Decke oder an schmalen, aufgenagelten Leisten. Auf gleiche Weise werden die Kulissen aufgestellt. Besonders große Kulissen werden zusätzlich mit einer Nadel am Spielschirm festgesteckt.

An der Rückwand des Bühnengerüstes befindet sich die Lichtquelle. Heute verwendet man oft Glühlampen oder kleine Scheinwerfer, deren Helligkeit über Dimmer geregelt werden kann. Bei größeren Bühnen ist der Bühnenraum zwischen Spielschirm und Rückwand so groß, daß vier bis sechs Spieler gleichzeitig agieren können. Die Begleitmusiker sitzen, für das Publikum sichtbar, neben dem Podest.

Die Spielermannschaft besteht je nach Größe des Theaters aus einer bis fünf Personen. Kleine Wandertheater sind Einmannbetriebe, in größeren Theatern agiert ein Hauptspieler mit einem oder zwei Gehilfen oder ein Hauptspieler mit seinem Assistenten, dem wiederum zwei bis drei Gehilfen zur Hand gehen. Zum modern ausgerüsteten Schattentheater gehört heute ein Techniker, der Lichtanlage, Tonbandgeräte und Verstärker bedient.

Spielen mehrere Personen zusammen, so ist ein Höchstmaß an Kooperation und Harmonie notwendig. An großen Spielschirmen werden die Figuren von einem Spieler an den anderen weitergegeben, sobald sie die Schirmmitte passieren. In sehr bewegten Szenen kann eine Figur von mehreren Spielern geführt werden. Die Spieler versuchen, Rolle und Charakter ihrer Figuren auch in den Bewegungen deutlich zu machen, zum Beispiel im gravitätischen Gang der hohen Hofbeamten, in dem Trippeln der vornehmen Damen, dem wilden Gebaren der Soldaten. Oft werden Bewegungen und Gesten karikiert.

Eine Schattenspielaufführung dauert zwei Stunden oder länger. Zu Beginn des Spiels stellt sich jede Figur einzeln dem Publikum vor. Sie nennt ihren Namen, Geburtsort, Stand und sagt, ob sie verheiratet ist; dann erklärt sie, welche Rolle sie in dem Stück spielt und an welchen Aktionen sie beteiligt ist. Bei der Vorstellung der Hauptakteure spielen die Musiker eine Erkennungsmelodie, die sich bei jedem Auftritt der Figur wiederholt.

Die Spieler sprechen die Texte der Figuren mit verstellten Stimmen. In die gesprochenen Passagen werden Rezitative und Verse eingeschoben, die sie mit hoher Kopfstimme singen. Für alle Schattenspiele gibt es Textbücher, doch enthalten sie meist nur Inhaltsangaben, die dem Spieler einen Leitfaden für Aufbau und Ablauf des Stückes geben. Die Ausgestaltung des Stückes hängt von der Geschicklichkeit der Spieler ab, Tagesereignisse zu kommentieren, von ihrer Schlagfertigkeit, ihrer Originalität und ihren humoristischen Einfällen.

Der Beruf des Schattenspielers geht meist vom Vater auf den Sohn über. Zukünftige Spieler gehen für mehrere Jahre zu einem erfahrenen Spielleiter in die Lehre, um Bewegungstechnik, Texte und die Orchesterführung zu erlernen. Die Musik ist integraler Bestandteil jeder Aufführung. Die Zahl der Instrumente richtet sich nach der Größe der Bühne: Es gibt Einmannorchester, aber auch Orchester mit fünf oder mehr Mitgliedern. Gespielt werden Trommeln, Gongs, Becken, Flöten, Zither und Laute. In großen Theatergruppen gehören zwei Sänger und zwei Sängerinnen zum Ensemble. Wie in der Oper gibt es auch beim Schattenspiel eine Ouvertüre. Die einzelnen Szenen werden von stark rhythmischer Musik untermalt. Der Hauptspielleiter trägt während der Aufführung einen Holzschuh, mit dem er den Takt auf den Boden schlägt. Die Begleitmusik zum Schattenspiel zeichnet sich durch besondere Lautstärke aus und ist sich auch darin der Oper verwandt.

Das traditionelle Schattentheater kann nach drei inhaltlichen Kategorien unterschieden werden:
Religiöse Stücke haben buddhistische und taoistische Glaubensvorstellungen und Mythen zum Inhalt.
Historische und Kriegsstücke greifen Ereignisse aus der chinesischen Geschichte auf. Einzelkämpfe und personenreiche Schlachten, bei denen die vielgelenkigen Figuren mit akrobatischen Einlagen brillieren, sind charakteristisch für diese Kategorie.
Geschichten aus dem Leben des Volkes, Romanzen und Komödien bilden die dritte Gruppe. Zu ihr gehören auch kurze Possen und virtuose Einzelszenen.

Mit der Auswahl und Ausgestaltung ihrer Stücke haben Schattenspieler häufig den Unmut der Bevölkerung über Mißwirtschaft und Korruption gegenüber den Regierenden zum Ausdruck gebracht. Allzu kritische Spieler mußten ihren Mut gegen Ende der Mandschu-Zeit (bis 1912) und zu Beginn der kommunistischen Herrschaft mit hohen Gefängnisstrafen bezahlen.

Entgegen anderslautenden Berichten hat das chinesische Schattenspiel nie aufgehört zu existieren. Während der japanischen Besatzungszeit (1937 bis 1945) trugen die Schattentheater mit der Aufführung alter und neuer patriotischer Stücke zum Widerstand gegen die Japaner bei. In der Volksrepublik China wurde das Schattenspiel bis zur Kulturrevolution auch zur politischen Agitation, zur Aufklärung und Volkserziehung eingesetzt, zum Beispiel wurde die Tradition des Brautkaufes angeprangert und die freie Gattenwahl propagiert. In der Provinz Shansi gab es 1957 über 200 Theatertruppen mit etwa 2000 Spielern. In der Provinz Hian wurden zur gleichen Zeit über 400 verschiedene Stücke aufgeführt.

Während der Kulturrevolution (1965/67) wurde das Schattentheater wie alle überlieferten Kulturerscheinungen eliminiert. Mit der Auseinandersetzung und Neubewertung des kulturellen Erbes Ende der sechziger, Anfang der siebziger Jahre lebte auch das Schattentheater wieder auf. Es ist die betont traditionelle Form der Aufführung und der Figuren, die heute geschätzt und gefördert wird. Schattenspieler treten auf den Wochenmärkten vor allem in ländlichen Gebieten auf, wo sie unter anderem die neuesten Nachrichten verbreiten. In den großen Städten dagegen sind Schattenspielaufführungen selten geworden.

Taiwan

Auf der Insel Taiwan wird bis heute eine Form des Schattentheaters gespielt, die vor 200 Jahren aus der chinesischen Provinz Fukien dorthin gelangte. Ursprünglich war das Schattenspiel eng mit dem religiösen Leben verbunden: Die Bühnen wurden nur vor Tempeln oder in unmittelbarer Nähe von Altären aufgebaut, und die Aufführungen fanden nur während religiöser Feste statt.

Heute werden auf Taiwan traditionelle Stücke – Legenden, alte Märchen und Lustspiele – und Stücke mit modernen Inhalten gespielt. Die Republik Taiwan sucht ihre staatliche Legitimation im Schattenspiel zu bekräftigen; zu den am häufigsten aufgeführten Stücken gehört die Geschichte des Generals Koxinga (auch Tsching-Tsching-king genannt, 1624 bis 1662), der die Niederländer von Taiwan vertrieb und dort ein eigenes Reich aufbaute.

Die Figuren werden noch immer im traditionellen Verfahren hergestellt. Die Teile werden aus Rinderhaut geschnitten und mit Hanfschnüren oder Darmsaiten verbunden. Die Führungsstäbe aus Bambus sind mit Messingösen an Kopf und Händen befestigt. Neben dem klassischen Figurenrepertoire erscheinen heute auf dem Spielschirm auch Panzer, Kriegsschiffe und Maschinengewehre. Zur Bemalung verwendet man überwiegend die Farben Weiß, Schwarz, Rot und Grün. Die Köpfe sind wie bei den chinesischen Figuren auswechselbar. Die Vorstellungen beginnen immer nach Sonnenuntergang. Trommelschläge und Musik von Saiteninstrumenten kündigen den Auftritt der Figuren an. Eine Aufführung dauert in der Regel eineinhalb bis zwei Stunden, kann aber auf Wunsch des Auftraggebers verlängert werden. Drei bis sechs Schattenspieler gehören zu einer Theatergruppe. Musik und Gesang spielen auf Taiwan nur eine untergeordnete Rolle.

Japan

Weitaus geringere Bedeutung besaß das Schattenspiel in Japan. Bis zu Beginn des 20. Jahrhunderts sind Aufführungen mit Schattenspielfiguren überliefert. Die Figuren waren aus einfarbigem, nichttransparentem Papier geschnitten und an einem Holzstab befestigt. Da keinerlei Angaben über Spielinhalte und -techniken vorliegen, ist anzunehmen, daß das Schattenspiel gegenüber den anderen japanischen Theatergattungen nur eine untergeordnete Rolle spielte.

Fig. 3 Japanische Schattenspielfiguren

Indien (Farbt. 9–13)

Anfänge und Entwicklung des indischen Schattenspiels sind noch weitgehend ungeklärt. Viele Wissenschaftler sehen in Indien das Ursprungsland des Schattentheaters. Aus alten Sanskrit-Texten schließen Linguisten auf die Entstehung des Schattentheaters im 2. Jahrhundert v. Chr.; doch ist die Richtigkeit der Übersetzung zu bezweifeln.

Die im zentralindischen Bundesstaat Madya Pradesh, Distrikt Surguja, gelegene Sitabenga-Höhle, die bei einigen Wissenschaftlern auf Grund einer Inschrift aus dem 2. Jahrhundert v. Chr. als frühe Schattenspielstätte gilt, kann ebensowenig wie der buddhistische Therigatha-Text aus dem späten 4. Jahrhundert als schlüssiger Beweis für die frühe Entwicklung des Schattenspiels in Indien herangezogen werden. Die Interpretation der Texte ist nach wie vor umstritten.

Die indische Bezeichnung für Schattenspiel – *chayanataka* – ist durch das Dutangada (Text für ein Schattenspiel) aus dem 13. Jahrhundert belegt.

Als erster Europäer berichtet 1627 der Italiener Pietro della Valle, der das Gebiet von Mysore bereiste, in einem Brief vom Spiel mit transparenten Theaterfiguren. Von Schattenspielaufführungen erzählt auch Jaffur Shurseet in seinen »Sitten der Muselmanen in Indien«, 1832. Alle anderen Quellen zum indischen Schattentheater sind wesentlich jünger. Beim heutigen Stand der Forschung lassen sich noch keine genauen Angaben zum Alter, zur Entwicklung oder zu Veränderungen im Spiel und in der Gestaltung der Figuren machen.

Seinem Ursprung und Wesen nach besitzt das indische Schattentheater eindeutig religiösen Charakter. Aufgeführt werden die großen mythologischen Epen; religiöse Zeremonien begleiten und umrahmen die Aufführungen. Nach den bekannten Quellen war das Schattenspiel nicht in ganz Indien verbreitet. In den Unionsstaaten von Kerala, Mysore und Andhra Prades ist das Schattentheater heute noch lebendig oder wird bewußt gepflegt und gefördert. Die Ausführungen über Figuren und Spielpraxis beziehen sich auf diese Zentren.

Die Figuren

Die indischen Schattenspielfiguren besitzen durchweg gedrungene, kräftige Körper und breite, stark vereinfachte Gliedmaßen. Physiognomische Charakteristika werden durch besondere Größe hervorgehoben. Die perforierten Muster der Kleidung und des Schmuckes kontrastieren mit großen geschlossenen Flächen.

Die Anfertigung neuer Figuren und Ausbesserungsarbeiten an zerspielten obliegen den alten erfahrenen Puppenspielern; manchmal übernehmen auch besonders geschickte Männer aus den Vorführerfamilien diese Aufgaben. In Kerala sind die Dörfer Koonathara bei Shoranur und Kavalappara als Zentren für die Herstellung von Schattenspielfiguren bekannt. Dort gibt es staatlich geförderte Schulen, in denen die Herstellung der Theaterfiguren gelehrt wird.

Als Material dient die Haut von Ziegen, Büffeln, Schafen oder Antilopen. Ursprünglich verwendete man Häute von Wildtieren; heute wird nur noch für die Fertigung von heiligen Figuren Antilopenhaut genommen. In Mysore und Andhra Prades schnitt man noch zu Beginn dieses Jahrhunderts die Götterfiguren aus dem Fell der Saragaoder Jinkeantilope, für die Dämonenfiguren nahm man Wildschafoder Büffelhäute, und für alle anderen profanen Figuren genügten Schaf- oder Ziegenhäute. Diese differenzierenden Vorschriften werden in unserer Zeit kaum noch beachtet. Selbst bei den höchsten Götterfiguren wie Krishna, Rama oder dem elefantenköpfigen Gott Ganesha verzichtet man heute auf die Verwendung der teuren Wildhäute.

In Andhra Prades kostete 1960 ein Ziegenfell etwa 5 Rupien (= 3 DM); es war das billigste Rohmaterial, aus dem alle Figuren, ob hoch oder niedrig, geschnitten wurden. Die Felle werden unbehandelt erworben und sorgfältig präpariert. Zunächst wird die Tierhaut drei bis vier Tage in Kalk gebeizt oder gewässert. In Mysore verwendet man heißes, in Kerala kaltes Wasser. Heute benutzt man auch moderne Chemikalien.

Dann wird die Haut vorsichtig ausgebreitet und gespannt und Haare und letzte Fleischpartikel sorgfältig abgeschabt. Danach wird sie noch einmal drei Tage gewässert, um dann erneut gespannt, geglättet und getrocknet zu werden. Durch diese Behandlung erhält das Pergament die nötige Transparenz.

Mit einer Schablone aus Papier – häufig dient dazu auch eine alte zerspielte Figur – werden die Umrisse des Rumpfes auf die präparierte Haut übertragen; besondere Charakteristika zur Kennzeichnung des Figurentypus, Muster der Kleidung, Schmuck, Waffen werden eingezeichnet. Die Haut wird stets so gewählt, daß Kopf, Rumpf und ein Teil der Oberschenkel aus einem Stück geschnitten werden können, um der Figur die notwendige Stabilität zu geben. Zur Übertragung von Armen, Händen und Beinen auf das Pergament dienen ebenfalls Schablonen. Sind alle Teile der Figur aufgezeichnet, werden die Umrisse mit scharfen Messern ausgeschnitten. Mit Sticheln und kleinen Meißeln werden die feinen Zierate und Durchbrüche ausgestochen. Je feiner die Perforationen ausgearbeitet sind, desto schöner und filigraner ist später die Wirkung der Figur beim Spiel.

Nach dem Ausschneiden färbt man die Teile ein. Die verwendeten Farben ziehen in die zuvor angefeuchtete Haut ein und bleiben transparent. Während die alten Farben aus Erden, Oxyden oder Pflanzen gewonnen wurden, kommen heute ausschließlich synthetische Farben zur Anwendung. In Kerala bevorzugt man die Farben Grün, Blau, Gelb, Rot, Schwarz und Weiß und aus diesen hergestellte Mischfarben. Ein sehr beliebter Mischfarbton ist Braun in allen Abstufungen. Für die Bemalung des Gottes Rama wird auch heute noch das traditionelle Dunkelblau verwendet; Sita, seiner Frau, sind goldbraune Töne vorbehalten. Nur drei Farben – Rot, Grün und Schwarz – werden in Mysore und Andhra Prades zur Bemalung der Figuren eingesetzt.

Nach dem Bemalen reibt man die Figuren mit Kokosöl ein, um die Transparenz zu erhöhen und die Figuren wasserfest zu machen.

Besondere Bedeutung wird der Gestaltung der Gesichter, der Ausarbeitung von Augen, Nase und Mund, beigemessen; vor allem die Gesichter »heiliger« Figuren werden mit größter Sorgfalt gestaltet. In Mysore und Andhra Prades glauben die Spieler, daß die Figuren durch Mund und Nase den Atem des Lebens aufnehmen und daß ihre Augen alles, was um sie herum geschieht, wahrnehmen können. Erst wenn

Augen, Mund und Nase ausgearbeitet sind, kann die Figur beim nächtlichen Spiel zum Leben erwachen. Der Überlieferung nach wurden diese Arbeiten früher von besonderen Zeremonien begleitet, die heute allerdings nicht mehr üblich sind.

Nach dem Einfärben werden Rumpf und Gliedmaßen der Figuren zusammengesetzt. Durch die Gelenke wird eine Schnur oder ein Riemen gezogen, den man an Vorder- und Rückseite dicht über der Oberfläche verknotet. Zum Schutz gegen Abnutzung werden die Knoten mit Pergamentscheiben unterlegt. Um den montierten Figuren die zum Spiel notwendige Stabilität zu geben, werden sie in ihrer gesamten Längsachse in einen gespaltenen Bambus- oder Holzstab eingeklemmt. Der am unteren Ende der Figur überstehende ungespaltene Teil des Stabes dient als Haltegriff beim Spiel. Figur und Stab werden mittels Verschnürungen in unterschiedlicher Höhe fest miteinander verbunden. Die Stäbe überschneiden als unschöne dunkle, oft breite Linie die zur Binnenzeichnung angebrachten Perforierungen. Die Stärke der Stützstäbe richtet sich nach der Größe der Figuren und berücksichtigt ihre Beanspruchung beim Spiel, zum Beispiel in turbulenten Szenen. Wesentlich dünner sind die an den Händen oder Armen befestigten Führungsstäbe; mit ihnen werden die Bewegungen gelenkt. Sie können wie der Stützstab mit der Figur fest verbunden sein oder werden vor dem Auftritt in dafür vorgesehene Löcher eingehängt. Bei großen Figuren bringt man in Kerala am ausladendsten Teil der Figur zusätzlich ein Querholz an, das den Längsstab kreuzt. Beide Stäbe werden fest miteinander verbunden; auf diese Weise wird eine größere Seitenstabilität für die Figur erreicht.

Welch tiefe Bedeutung den Figuren beigemessen und welche Verehrung ihnen entgegengebracht wird, mag man daran erkennen, daß ihre Herstellung von besonderen Zeremonien begleitet wird. In Mysore und Andhra Prades begeben sich die Spieler, bevor sie eine besonders heilige Figur in Angriff nehmen, in Klausur, um sich durch Meditation auf die Arbeiten vorzubereiten. Sind alle Arbeiten beendet, so wird in Mysore, in Andhra Prades und in Kerala eine kleine *puja* am Arbeitsplatz abgehalten. Dabei werden Betel, Reis, Arekanüsse, Weihrauch, Bananen, Kokosnüsse, Kampfer und Blumen geopfert. In Mysore bringt man den Schattenspielfiguren, den Requisiten und den Werkzeugen zu ihrer Herstellung an jedem Dienstag kleine Opfer.

9 Indien: Affenfürst. Pergament, 65 × 43 cm. 19. Jh. Theatermuseum d. Inst. f. Theaterwissenschaft d. Universität Köln

◁ 8 Indien: Affenkönig. Pergament (beweglicher Arm aus Pappe), 66 × 34 cm. 19. Jh. Theatermuseum d. Inst. f. Theaterwissenschaft d. Universität Köln

In der Darstellung und im Aufbau gleichen sich die Figuren aus Kerala, Mysore und Andhra Prades: Kopf, Beine und Füße werden im Profil, der Oberkörper von vorne gezeigt. Charakteristische Merkmale einzelner Figurentypen werden hervorgehoben. Ihre ganz besondere Prägung erhalten die Schattenspielfiguren aus Kerala durch die Behandlung der Augenpartie. Die Gesichter im Profil – en face-Darstellungen sind sehr selten – werden mit einem Doppelaugenpaar dargestellt. Die kleinen, runden Augen liegen waagerecht nebeneinander; Augenwinkel und Augenbrauen werden durch auffällige Durchbrüche hervorgehoben. Doppelaugen haben auch die Figuren aus Mysore; im Gegensatz zu denen aus Kerala sind sie jedoch nicht waagerecht, sondern schräg gestellt. Die runden, dunklen Augenscheiben werden mit einem breiten, hellen Ring umgeben, Perforationen heben die Augenwinkel hervor. Eine dicke, schwarz gezeichnete Augenbraue verstärkt die Wirkung des Blickes.

Die beweglichen Körperteile, Arme und Beine, sind oft überdimensioniert; das liegt daran, daß diese Teile am ehesten zerschleißen und ersetzt werden müssen. Die nicht mehr brauchbaren Glieder dienen als Schablonen für die neu zu fertigenden. Da die Konturen jeweils am äußeren Rand nachgezogen werden, wachsen Arme und Beine mit jedem Erneuern und erreichen schließlich unförmige Ausmaße.

Häufiges Spielen bringt einen schnellen Verschleiß der Figuren mit sich; so weisen fast alle Figuren Flickstellen und Ergänzungen auf. Bei den Reparaturen verfährt man großzügig. Häufig werden sie mit den Teilen zerspielter Figuren vorgenommen, so daß Farben, Muster oder Perforationen einander überdecken oder unschöne Brüche entstehen. Zerspielte Figuren werden für Reparaturen ausgewertet, fortgeworfen oder in jüngerer Zeit an ausländische Touristen verkauft. In Mysore versenkt man sie nach einer besonderen puja in einem Fluß.

Größenunterschiede innerhalb zueinander gehörender Figurengruppen, die auf die Bedeutung der Figur schließen lassen, sind in Kerala und Mysore selten. Ein solcher Bedeutungsmaßstab läßt sich nur bei den Figuren aus dem Reich des Ravana erkennen. Die Figuren können bis zu 90 cm hoch und 60 cm breit sein; Ravanas Gegner, zum Beispiel Rama und Hanuman, messen knapp über 60 cm in der Höhe und 50 cm in der Breite, Frauen, Tiere und alle anderen Nebenfiguren werden in Größen zwischen 35 und 55 cm angefertigt.

Zur Charakterisierung bestimmter Typen oder Eigenschaften sind stereotype Wiederholungen zu beobachten. So werden alle Familienmitglieder Ravanas und seine engsten Freunde mit einer eigenartigen Mischung aus Sattel- und Stupsnase dargestellt.

Um eine größere Abwechslung in die Szenen zu bringen, werden die Hauptdarsteller der aufgeführten Epen in verschiedener Gestalt dargestellt: Ravana tritt als Bettelmönch und zehnköpfig auf; der Affenkönig Hanuman ist ebenfalls in zweierlei Gestalt vorhanden, in seiner natürlichen Größe und als übergroßer Dämon. Jedoch nicht alle Hauptdarsteller treten in verschiedener Gestalt auf. Der vielgestaltige Auftritt einer Figur hängt nicht allein von ihrer Stellung in der Erzählung ab, sondern auch von ihrer regionalen Beliebtheit. Andere Figuren übernehmen Doppelrollen.

Fast ebenso bedeutend wie die Helden der Epen sind die Figuren, die in den Zwischenszenen auftreten. Die gemeinhin als Possenreißer bezeichneten Figuren erweisen sich bei genauerer Betrachtung als Vermittler zwischen den Zuschauern und den Göttern. In Kerala sind es zwei männliche Figuren, *sukha (sukham)* und *caranan (caran)*. Sukha kann mit »der Vergnügenbereiter« und caranan mit »der Spion« übersetzt werden. Sie gehören zu den Gefolgsleuten des Dämonenfürsten und sind Spione Ravanas. Ihre Zugehörigkeit zum Reich der Dämonen ist an den sattelartigen Stupsnasen zu erkennen. Beide zusammen werden sie *ottam (ottan)*, »die Unzertrennlichen« genannt. Ihr Körper ist gedrungen, etwas plump. Auf den Köpfen tragen sie einen helm- oder kronenartigen Kopfputz, Reifen schmücken ihre Hand- und Fußgelenke. Ihre Kleidung erinnert an das Kostüm der Kathakali-Tänzer. Möglicherweise besteht eine Verbindung zwischen den ottam und dem *konanki* der südindischen Tanzdramen. Dieser konanki, ein Buckliger, bringt zu Beginn der Vorstellung das Publikum mit seinen Tänzen zum Lachen, und er bittet auch die Götter um Beistand.

In Mysore und Andhra Prades sind es drei verschiedene Figuren, zwei männliche *(vidusaka)* und eine weibliche *(vidusaki)*, die als Possenreißer oder Spaßmacher auftreten. In einigen Gegenden von Mysore und Andhra Prades tragen die Figuren Eigennamen. Der Hauptspaßmacher wird *killekyata*, *kethigadu* oder *juttu poligadu* genannt, die zweite Figur heißt *nakali shama* oder *juttu pruthigadu*. Für die Frauenfigur sind die Namen *nakali sundari* oder *bangarakka* bekannt. Die

Figur des Possenreißers geht wahrscheinlich auf altindische Vorbilder zurück. Es ist eine kleine, gnomenhafte Figur mit großer Nase, vorstehenden Kiefern und einer dunklen Haarlocke auf dem sonst kahlen Kopf. Die Figur ist zudem mit einem überdimensionierten Phallus ausgerüstet, der entsprechend den szenischen Situationen als Riesenpenis zwischen den Beinen hin und her baumelt oder steil aufgerichtet ist. Die die Auftritte begleitenden Reden sind obszön und von allgemeinverständlicher Eindeutigkeit. Trotz Verbotes haben sich bis heute die Auftritte derart ithyphallischer Figuren erhalten. Parallelen zu dieser Figur gibt es im indonesischen und türkischen Schattenspiel. Die zweite Männerfigur ist der Freund und Gehilfe des ersten Possenreißers. Sein Aussehen gleicht bis auf kleine Abweichungen dem des Hauptspaßmachers. Die Spaßmacherfiguren haben stets Kontakt zu den Göttern, sie sind bei aller irdischen Gebundenheit Mittlerfiguren, empfangen Botschaften der Götter und teilen sie dann den Menschen mit. Das weibliche Pendant zu den Spaßmachern ist eine Tänzerin, nakali sundari oder bangarakka. Ihre Rolle ist im Schattentheater von Mysore und Andhra Prades von irisierender Vielschichtigkeit. Sie fungiert als Ehefrau des einen oder anderen Spaßmachers, als ältere Schwester, Schwiegermutter, Schwägerin, sie ist aber auch Tanzmädchen, was gleichzeitig Prostituierte bedeutet. Als Prostituierte wird sie ganz in die erotischen Abenteuer der Spaßmacher einbezogen, wobei ihre Sprache an Derbheit und Eindeutigkeit keineswegs der der Spaßmacher nachsteht. In einigen Schattenspielerfamilien Mysores kommt der Tänzerin auch in der Realität eine besondere Bedeutung zu: Eine Tochter aus jeder Familie wurde einer Gottheit geweiht und mit dieser nach einem bestimmten Ritual verheiratet. Die auserwählten Mädchen verbesserten durch die Heirat ihren sozialen Status. In der Erbfolge zum Beispiel standen sie einem Sohn gleich. Die Ehegemeinschaft mit der Gottheit verpflichtete das Mädchen zur Prostitution; diese als heilig angesehene Prostitution brachte keine Diskriminierung für das Mädchen. In dem Tempel ihres Gottes erhielten die Mädchen zudem noch eine Ausbildung als Tänzerin. In der Schattenfigur der *nakali sundari* spiegelt sich diese Vieldeutigkeit: Sie ist Prostituierte und zugleich in eine sakrale Welt eingebunden.

Nicht alle Akteure der berühmten Epen sind im Schattentheater als eigene Figur vertreten. Einige Figuren übernehmen Doppelrollen, andere Figuren fallen weg. Das richtet sich nach dem Figurenfundus der einzelnen Spielergruppen, nach der Form, in der das Epos in einer Landschaft tradiert wird, und der Verehrung, welche die Helden dort genießen.

Bühne und Spieltechnik

In den indischen Schattenspielzentren von Mysore, Andhra Prades und Kerala können mehrere Bühnenkonstruktionen und -räume unterschieden werden. Überall wird die Bühne auf drei Seiten so abgeschirmt, daß die Spieler während der Vorstellung nicht von den Zuschauern beobachtet werden können.

In Kerala gibt es zwei Arten von Bühnen: provisorische Bühnen, die nur vorübergehend aufgebaut werden, und feste, für permanente Vorführungen eingerichtete Schattenspielhäuser. Die wandernden Schattenspieler stecken am Spielort ein Geviert mit dunkelblauen oder schwarzen Stoffbahnen ab. Diese Stoffbahnen sind mindestens so hoch, daß ein dahinter hockender Spieler nicht zu sehen ist. Auf der Zuschauerseite wird der Projektionsschirm, *tira* oder *tuni* genannt, errichtet: In ein senkrecht stehendes, fest verankertes Lattengerüst wird eine 12 bis 16 m lange und ungefähr 2 m hohe Leinwand eingespannt. Die Größe des Spielschirms richtet sich immer nach den örtlichen Möglichkeiten, doch ist man stets bemüht, eine möglichst breite Spielfläche zu haben, da in manchen Szenen bis zu 15 Spieler gleichzeitig mit ihren Figuren hinter dem Schirm agieren. Mitunter wird eigens für die Vorführungen eine einfache Hütte errichtet; dann beschränkt man sich auf einen kleineren Bühnenraum.

Im Palghat-Distrikt Keralas gibt es neben den provisorischen Bühnen feste Schattenspielhäuser, *kuttu madam*. Diese liegen stets in der Nähe von Mahakali-Tempeln, etwa 100 m vor dem Ortseingang, und bilden mit dem Tempel einen heiligen Bezirk. Ihr Spielschirm ist generell nach Süden ausgerichtet. Mahakali-Tempel und Schattenspieltheater stehen fast immer auf dem Grundbesitz der großen Naya-Familien, die noch heute einen intensiven Ahnenkult pflegen. Man vermutet deshalb, daß das Schattenspiel in einem engen Zusammenhang mit der Ahnenverehrung steht.

Friedrich Seltmann (»Schattenspiel in Kerala«) bezeichnet das feste Schattenspieltheater als Schattenspieltempel und beschreibt es so: »Dieser ist ein Steinbau ohne Türen; die Dachkonstruktion ist aus Holz; auf ihr ruhen die Ziegel; eingezogen ist eine Lattendecke, auf die angeblich während der Vorstellung Matten gelegt werden. Die sehr stabile, ca. 50 cm breite Mittelsäule schließt nicht bündig mit der Rampe ab, sondern sie ist ca. 35 cm zurückgesetzt. Sie ist die Mitte des sich vor ihr ausbreitenden Bildschirmes. Der dahinter liegende Raum für die Vorführer hat somit eine Tiefe von ca. 3,15 m. Er kann nur durch einen freibleibenden Spalt von ca. 1 m Breite über die Rampe hinweg betreten werden, so daß der eigentliche Vorführraum als Tabu-Bezirk vollkommen abgeschirmt ist. Die Spieler sollen vor der Aufführung zunächst auf der erwähnten ca. 35 cm breiten Brüstung sitzen. Hinterwand und Seitenwand sind ca. 1 m stark. In ihrem oberen Teil sind sie weiß gekalkt, damit die Reflektionswirkung der Beleuchtung erhöht wird. Für diese wird noch in der ursprünglichen Weise gesorgt. Von der Decke hängen Laschen aus Seilen herab. Durch diese schiebt man Bretter *(tandu),* in denen sich in ziemlich regelmäßigen Abständen bis zu 41 Vertiefungen befinden, welche die Öllampen aufzunehmen haben; das heißt, es müssen bis zu 22 ganze Kokosnüsse für diesen Zweck geopfert werden. Gelegentlich werden auch Bretter ohne Vertiefungen benutzt. Dann schichtet man auf diese Kuhfladen, in die man die wackligen Kokosschalenlampen hineindrückt. Anstelle von Kokosschalen können auch solche aus Ton genommen werden. Die Dochte sind zusammengedrehte Leinenstückchen. Die vorführenden Männer stehen hinter diesen Brettern und führen unter ihnen hinweg die Figuren an die Leinwand heran. Um dies einigermaßen mühelos zu erreichen, müssen die Bretter entsprechend aufgehangen werden, das heißt, sie verlaufen etwas unterhalb der Halshöhe eines Vorführers von durchschnittlicher Körperlänge.«

In Mysore und Andhra Prades gibt es keine festen Schattenspieltheater. Die einfachsten Bühnenkonstruktionen bauen die Spieler der Cikka-Sektion – sie gehören einer der niedrigsten Kasten an – für ihre inhaltlich anspruchslosen, derben Aufführungen. Zu ebener Erde wird ein viereckiger Platz auf drei Seiten mit dunklen und zum Publikum hin mit einer hellen Stoffbahn abgegrenzt. In diesem Geviert sitzt der Spieler mit seinen Utensilien. Die Spieler der Dodda-Sektion – sie stehen über den Spielern der Cikka-Gruppen – und die Spieler in Andhra Prades bauen ihre Bühnen auf einem Podest oder einer erhöhten Plattform auf. Der Bühnenraum ist so groß, daß eine Spielleinwand von mindestens 5 m Breite und über 2 m Höhe installiert werden kann. Für das Spiel mit den großen Figuren benötigt man in Andhra Prades Spielflächen mit bis zu 7,5 m Breite und fast 3 m Höhe, da in vielen Szenen mehrere der großen Figuren gleichzeitig gezeigt und bewegt werden. Der Raum hinter der Leinwand ist im allgemeinen 2 bis 4 m tief. Er wird auf den drei übrigen Seiten mit Jute oder europäischen Zeltbahnen zugehängt. Als Überdachung des Bühnenraumes dient eine Persenning. Die Rahmenkonstruktion zum Spannen der Spielleinwand wird in Andhra Prades nicht wie Mysore und Kerala senkrecht, sondern geneigt aufgestellt. Der Neigungswinkel zwischen Leinwand und Zuschauerebene beträgt etwa 80 Grad. Um möglichst scharfe Schattenbilder zu erhalten, wird die Spielfläche mit großer Sorgfalt zwischen den Außenpfosten rechts und links der Bühne verspannt; oben wird die Leinwand an einer Querlatte befestigt. Bei einer Breite von über 4 m muß die obere Latte durch zusätzliche Pfosten abgestützt werden. Um eine möglichst gleichmäßige senkrechte Spannung zu haben, wird die Unterkante der Leinwand noch zusätzlich beschwert. Häufig verwendet man als Leinwand *dhoti* – das sind die Stoffbahnen, aus denen die Männer ihre Beinkleidung wickeln. Ein solcher dhoti mißt etwa 4 m in der Länge und 1,20 m in der Breite. Als Spielfläche werden zwei Bahnen in der Mitte mit Palmdornen zusammengesteckt. Die Unterkante der Spielfläche liegt etwa 50 bis 60 cm über dem Boden. Dieser Zwischenraum wird mit einer dunklen Stoffbahn verhängt, so daß nichts von den Spielern zu sehen ist.

Bei fast allen Schattenspielergruppen versammeln sich vor Beginn der Vorstellung alle Spieler und Musikanten mit den benötigten Requisiten innerhalb des mit Tüchern umschlossenen Bühnenraumes; auch die nicht aktiv am Spielgeschehen beteiligten Familienmitglieder haben sich dort aufzuhalten. Im rückwärtigen Bühnenteil bleibt ein kleiner, mit einem Tuch verhängter Durchschlupf, durch den in Notfällen der Spielraum verlassen werden kann. Nur bei den Schattenspieltruppen der Cikka-Gruppen sitzt der Spieler allein in dem abgegrenzten Spielfeld; die Begleiter, meist seine Frau, die singt und ein Instrument spielt, und ein Trommler, stehen neben dem Bühnenraum.

Als Lichtquelle verwendete man noch bis in die zweite Hälfte unseres Jahrhunderts hinein Fackeln oder Öllampen, die so angeordnet wurden, daß sie die Leinwand gut ausleuchteten, den Spieler bei seinen Aktionen aber nicht behinderten. Meist setzte man die Lichtquelle auf ein Brett an der Unterkante der Bühne. Der Spieler saß oder stand hinter der Lichtquelle, um selbst keinen Schatten auf die Leinwand zu werfen. Heute haben die Petromax- bzw. Kerosinlampen oder elektrische Glühbirnen die mit Rizinus- oder Kokosöl gespeisten Lampen abgelöst. Die modernen Lichtquellen müssen im Gegensatz zu den alten Öllampen möglichst hoch und zur besten Ausleuchtung ca. 70 cm von der Leinwand entfernt montiert werden. Die größere Entfernung zwischen Lichtquelle und Leinwand behindert den Spieler in seinen Aktionen, so daß die Bewegungen der Figuren viel von ihrer früheren Eleganz einbüßen. Die moderne Beleuchtung mit stets gleichbleibender Helligkeit zeichnet auf der Leinwand zwar scharfe Schatten, von der alten Magie des Spieles ist jedoch nur noch wenig zu spüren. Um etwas von der Lichtwirkung der alten Öllampen zurückzugewinnen, verkleiden einige Schattenspieler die elektrischen Glühlampen mit farbigem Papier.

Bei der Aufführung bewegt der Spieler die Figuren mit Hilfe langer, dünner Führungsstäbe. Die leicht zerbrechlichen, aber flexiblen Holzstäbe werden in jüngerer Zeit immer mehr durch Speichen ausrangierter Regenschirme ersetzt. Die mangelnde Flexibilität der Metallstäbe läßt die Bewegungen plumper erscheinen; außerdem reißen die Figuren an den Verbindungspunkten leichter aus und müssen häufig geflickt werden.

Die Schattenspielaufführungen in Mysore, Andhra Prades und Kerala weichen trotz Übereinstimmungen in einigen Teilen so voneinander ab, daß sie hier in zwei Abteilungen unterteilt behandelt werden sollen.

Spielablauf in Mysore und Andhra Prades

Schattentheateraufführungen finden nur während der trockenen Jahreszeit statt; die häufigen Regenfälle und die hohe Feuchtigkeit machen die Aufführungen in der Regenzeit unmöglich. Hauptsächlich zu den religiösen Festen – während der Aussaat im Frühjahr bzw. der Ernte im Herbst – treten die Schattenspieler auf. Neben freien, umherziehenden Gruppen gibt es Schattenspielergruppen, die institutionell an Tempel gebunden sind. Sie werden das ganze Jahr hindurch unterstützt und müssen den Tempel zu bestimmten Festen zur Verfügung stehen. Bis heute hat sich in Andhra Padres ein Ritual erhalten, das von den Schattenspielern vor jeder Aufführung beachtet werden muß: Die Spieler ziehen nach bestimmten Zeremonien im Tempel in einer Prozession mit Musik und Gesang vom Tempel zur Bühne, die sie dreimal feierlich umschreiten. Die zur Aufführung benötigten Lichtquellen werden dabei an einer aus dem Tempel mitgeführten Flamme entzündet. Gleiche und ähnliche Zeremonien sind auch in Mysore noch zu beobachten. Auch außer dem in das Tempelzeremoniell eingebundenen Schattentheater haben viele Aufführungen religiösen Charakter. Sie dienen der Beschwörung von Dämonen, erflehen den Segen der Götter, wehren Unwetter ab oder führen den ersehnten Regen herbei. Aufführungen zur Regenbeschwörung werden im November/Dezember abgehalten und haben fast ausschließlich Geschichten aus dem Mahabharata zum Inhalt. Schattentheater läßt man auch zu bestimmten Familienfesten, den *rites de passage,* aufführen. Neben den religiös gebundenen Vorstellungen gibt es auch solche, die ausschließlich der profanen Unterhaltung dienen.

Die Spielergruppen werden entweder engagiert, um zu einer bestimmten Gelegenheit zu spielen, oder sie bieten umherziehend ihre Dienste an. Bei Anforderung werden sie mit Geld und Naturalien entlohnt, wobei sich das Honorar nach der Reputation der Gruppe richtet. Die umherziehenden Gruppen brauchen für die Aufführung die Genehmigung der dörflichen Administration. Mit der Zustimmung durch die Dorfbehörde werden den Spielern bestimmte Hilfsdienste bei der Vorbereitung der Aufführung zugesichert und ein geeigneter Platz angewiesen. Besitzt die Spielergruppe keine eigene Leinwand, so muß diese und die Beleuchtung vom Dorfwäscher oder Friseur gestellt werden. Die übrigen Dorfbewohner leisten Handreichungen beim Aufbau der Bühne. Die fertige Bühne wird oft mit frischem Grün geschmückt. Mit Sonnenuntergang begeben sich die Spieler, Musiker und Frauen in den abgeschirmten Bühnenraum, und die Akteure legen sich die Figuren in der Reihenfolge der Auftritte griffbereit zurecht. In der Mitte der Leinwand wird die Figur des Ganesha befestigt. Ihm zur Seite rechts und links dekoriert der Spieler zusätzlich einige Tierfiguren und Pflanzendarstellungen. Diese Bühnendekoration wird erst bei Spielbeginn entfernt. Dieses Anbringen von Schattenspielfiguren vor dem eigentlichen Spiel kennt man auch in Indonesien und der Türkei. Ursprünglich wohl eine Vokation an den elefantenköpfigen Gott, dienen die Figuren jetzt nur noch der Werbung. Man möchte möglichst viele Zuschauer anlocken, denn je größer die Zahl der Zuschauer, desto höher die Einnahmen. Grundsätzlich kann jeder der Vorführung beiwohnen, ohne Eintritt zu zahlen. Mitglieder der Schattenspieltruppe gehen während der Vorstellung oder in den Pausen unter den Zuschauern umher und sammeln Geld ein. Gelegentlich gehen die Spieler auch am Tag nach der Vorführung noch einmal mit der Almosenschale durchs Dorf. Von begeisterten Zuschauern erwartet man neben Geldbeträgen auch Subsidien in Form von Kleidung oder Nahrungsmitteln.

Die Vorstellungen beginnen bei völliger Dunkelheit zwischen acht und zehn Uhr abends und enden mit Tagesanbruch. Der Spielführer ruft Ganesha, Sarasvati, Rama, Krishna und lokale Gottheiten an, erbittet ihren Segen und Beistand für die Vorführung und lädt sie ein, daran teilzunehmen. Die Anrufung, *avahana*, wird gelegentlich durch Opfergaben – Blumen, Feldfrüchte, Weihrauch und Betel – bekräftigt. Intensität und Dauer der religiösen Zeremonie sind regional verschieden und abhängig von der Religiosität des Vorführers. Eine vorschriftsmäßige Anrufung wird erst in Sanskrit und dann in Kanaresisch bzw. Telingisch gesprochen.

Nach der Darbringung der Opfergaben, wenn man die angerufenen Götter anwesend glaubt, entfernt der Spielleiter die zuvor an die Leinwand gehefteten Figuren, und die eigentliche Vorführung kann beginnen. Die Themen der Aufführung sind dem Ramayana, Mahabharata, den Puranas entnommen oder beziehen sich auf historische Ereignisse. Auch Passagen aus der Krishna-Legende werden aufgeführt. Sie sind verbindlicher und alleiniger Inhalt, wenn mit dem Schattentheater Dürre oder Epidemien abgewendet werden sollen. Am höchsten in der Gunst des Publikums stehen Aufführungen aus dem Ramayana. Für die Aufführung des ganzen Ramayana benötigen gute Spieler, die alle Texte auswendig können müssen, etwa einen Monat; selbst bei schlechten Spielern dauert die Aufführung des ganzen Zyklus fünf bis neun

Nächte. Die Aufführung der beliebtesten Passagen aus dem Mahabharata nimmt ebenfalls mehrere Nächte in Anspruch. Dagegen können Auszüge aus den Puranas in einer Nacht abgehandelt werden. Die Texte gehen wahrscheinlich auf schriftliche Quellen aus dem 2. bis 10. Jahrhundert n. Chr. zurück.

Während der englischen Kolonialzeit wurde das Schattenspiel auch zur Verbreitung politischer Ideen eingesetzt. Als nach der Unabhängigkeit die Zentralregierung das Schattenspiel als Medium zur politischen Aufklärung nutzen wollte, scheiterten diese Versuche kläglich.

Eine Aufführung, gleich welchen Inhalts, endet erst mit dem anbrechenden Tag. Spieler, Hilfspersonal und Musiker sind während der ganzen Vorstellung ohne Pause in Aktion. Das Publikum ist freier, es kann den Ort der Vorstellung verlassen und wiederkommen oder auch einen kurzen Schlaf einlegen. Da die gespielten Texte zum Allgemeinwissen eines jeden Inders gehören, findet er immer wieder Anschluß an das inzwischen weiter fortgeschrittene Stück.

Dem Hauptspieler steht ein »erster Gehilfe« zur Seite, dem seinerseits weitere Gehilfen zur Hand gehen. Der »erste Gehilfe« ist ganz in das Spiel integriert, wohingegen die Aufgaben der anderen im Bereitlegen und Zureichen der Figuren und gelegentlich im Mitspielen liegen. Der Hauptspieler und sein Gehilfe sprechen und singen alle Dialoge und Monologe selbst. Bei größeren Spielertruppen werden die weiblichen Figuren von Männern bewegt, die Texte jedoch von Frauen gesprochen bzw. gesungen. In Andhra Prades werden die Texte von mindestens zwei Männern und zwei Frauen gesprochen. Die Synchronisation von Wort und Spiel erfordert ein Höchstmaß an Konzentration und Erfahrung von allen Beteiligten. Die Texte werden in Kanaresisch oder Telingisch gesprochen. Die Dialoge halten sich an die traditionell vorgegebenen Formen. Improvisiert werden nur die Texte, die sich in die vorgegebenen einflechten lassen und zu dörflichen Gegebenheiten Stellung nehmen. Hier kann der Spielführer sein rhetorisches Talent beweisen. Die große Kunst besteht darin, nach Ausflügen in die Politik, nach Klatsch und Zoten wieder den Anschluß an den vorgegebenen Text- und Spielablauf zu finden. Je besser die Spieler, um so fließender die Übergänge.

Wie bei der Ausleuchtung der Leinwand, so hat die Technik auch bei der akustischen Darbietung Einzug gehalten. Fortschrittliche Schattenspieler setzen heute Mikrophone und Verstärker ein. Unverständnis, mangelnde technische Kenntnisse und schlechtes Gerät lassen die Stimmen zwar laut, aber bis zur Unkenntlichkeit verzerrt erklingen. Texte und Gesang werden meist von einem Orchester begleitet, dessen wichtigste Instrumente Harmonium und Trommeln sind. Die Musiker schlagen entweder die einseitige Handtrommel *tabla* oder die sanduhrförmige Doppeltrommel *mridanga*. Geräusche wie Gewitter, Sturm oder Kriegslärm werden durch Aneinanderschlagen von verschiedenen Hölzern oder Metallplatten erzeugt.

Das Orchester begleitet und untermalt mit bestimmten Musikstücken – *raga* – die Schattenspielaufführung. Die Musik kündet – ähnlich wie westliche Filmmusik – von Spannung, Befreiung, Glück und Unglück und dramatischer Entwicklung.

Vor dem Auftritt der Figuren spricht der Hauptspielführer einen Prolog, in dem er Ort und Zeit der folgenden Handlung charakterisiert. Die Figuren werden dann beim Spiel dicht an die Leinwand gepreßt, um die bestmögliche Schattenwirkung zu erzielen. Bei langen Textsequenzen ohne Handlung befestigt der Spieler die Figur einfach an der Leinwand. Figuren mit beweglichen Gliedmaßen unterstreichen das Gesagte durch Gesten, die reinen Bildfiguren bleiben auch bei längeren Monologen unbeweglich an ein und demselben Platz. Je geübter und geschickter ein Spieler ist, um so mehr Bewegung herrscht auf der Leinwand. Bei den Figuren Andhra Prades lassen sich die Köpfe um 180 Grad drehen, ein Effekt, der die Bewegung in den Szenen noch wesentlich verstärkt. Höchste Anforderungen an das spielerische Können stellt der Auftritt einer Tänzerin. Sie wird stets von zwei Spielern geführt, die bei der Vorführung ganz dicht hintereinander stehen. Der vordere Akteur lenkt die Arme, der hintere, seine Arme seitlich am Vordermann vorbeischiebend, hält die Figur gegen die Leinwand und führt die Kopfbewegungen aus. Das zum Tanzen gehörende rhythmische Stampfen mit den Füßen wird von beiden Spielern ausgeführt. Sie stehen dabei zur Schallverstärkung auf Holzplatten und tragen an den Fußgelenken Schellen. Um die Auftritte der Tänzerin möglichst naturalistisch zu gestalten, werden die Spieler selbst im Tanzen ausgebildet. Wesentlichen Anteil an einer gelungenen Tanzdarbietung haben auch Sänger und Musikanten, die ihren Vortrag präzise auf die Bewegungen der Figur abstimmen.

Spielablauf in Kerala

Die Hauptspielzeit liegt nach der Ernte in den Monaten Februar, März, April. Das Interesse an den Vorführungen hat in jüngerer Zeit selbst in den abgelegenen Gebieten nachgelassen. Sowohl von Privatleuten als auch von staatlicher Seite sind Bemühungen im Gange, dem zurückgehenden Interesse entgegenzuwirken. Im Gegensatz zu Mysore und Andhra Prades hat sich in Kerala die traditionelle Form der zyklischen Aufführungen noch erhalten. Die Vorstellungen beginnen auch hier zwischen 21 und 22 Uhr abends und enden morgens gegen 6 Uhr. Es gibt jedoch keine Aufführung, die nur eine Nacht dauert. Aufführungen aus dem Ramayana dauern sieben, vierzehn oder einundzwanzig Nächte; einundvierzig Nächte braucht man für den gesamten Zyklus.

Die enge Verbindung zwischen Schattenspiel und Religion wird in den Zeremonien deutlich, die vor und nach jeder Aufführung einer Passage aus dem Ramayana zelebriert werden. Am ersten und letzten Spieltag werden Opfer gebracht und die Götter zur Teilnahme an der Vorstellung eingeladen. Vor der Aufführung werden die guten Charaktere auf der rechten Seite (vom Vorführer aus gesehen) am Bildschirm gezeigt, die Gegenspieler auf der linken. Auch während der Vorstellung ist man bemüht, diese Seiteneinteilung beizubehalten. Die Köpfe der rechten Figuren werden mit frischem Laub geschmückt. Während der ersten Anrufung werden Weihrauch, geschälte Bananen, Reis, Kampfer, Blüten, Betelblätter, Areka- und Kokosnüsse als Opfergaben dargebracht. Das Aufschlagen der Kokosnüsse wird nochmals von einer eigenen Zeremonie begleitet. In einer besonderen Lampe wird aus dem Tempel Feuer geholt, um die einundvierzig Öllampen zur Beleuchtung der Leinwand zu entzünden. Auf die Lichter werden Weihrauchkörner gestreut. Nach Abschluß der Anrufungen, Lobpreisungen und Einladungen an die Götter werden die aufgestellten Figuren von der Leinwand genommen, und das eigentliche Spiel beginnt. Mit der Verbannung Ramas und seiner Freunde in den Urwald wird das Spiel eröffnet. An den folgenden Abenden geben zwei Figuren, die *pattar*, Ganayati und Mutta genannt, jeweils eine kurze Zusammenfassung des Vorausgegangenen. In diesen Rückblick werden auch Dorfklatsch und Gerüchte eingeflochten. Nach dem Tode von Ravana, dem großen Gegenspieler Ramas, legen die Schattenspieler einen Ruhetag ein; Bühne und Leinwand werden rituell gereinigt. Die letzte Spielnacht zeigt Ramas Inthronisation. Eine weitere Zeremonie begleitet dieses Spiel: In einer feierlichen Prozession, in der auch besonders verehrungswürdige Schattenspielfiguren mitgeführt werden, wird heiliges Wasser herbeigeholt. Es ist jedoch nicht geklärt, wer oder was mit dem heiligen Wasser gereinigt wird. Zum Abschluß des ganzen Zyklus zeigt sich Rama mit der Krone auf dem Kopf den Zuschauern.

Die Texte werden in einem Sprachgemisch aus Tamil und Malayalam mit Sanskrit-Einschüben in leicht schleppendem Tonfall vorgetragen. Gesungene Passagen werden im Rezitativ wiederholt und erläutert. Bei längeren Textstellen lehnt man die Figuren gegen den Bildschirm, wo sie bewegungslos bis zum Fortgang der Handlung verharren. Kampfhandlungen werden durch Stampfen, Klopfen oder Schlagen auf Holz akustisch untermalt.

Für die Musik zum Schattenspiel verwendet man nur Trommeln und kleine Metallglöckchen. Die Glöckchen bindet man an die beweglichen Teile der Schattenspielfiguren und bringt sie zum Klingen. Es werden drei verschiedene Trommeln gespielt: zwei kleinere mit unterschiedlichen Tonhöhen, die vor dem Körper gehalten und nur mit den Händen geschlagen werden, und eine große, die der Spieler über der linken Schulter trägt und mit zwei gebogenen Stöcken bearbeitet. Die Trommler gehören nicht zur Schattenspielertruppe, sondern stehen im Dienst eines Tempels und werden nur an die Theatergruppe ausgeliehen.

Heute hat das Schattenspiel mit staatlicher Unterstützung wieder eine gewisse Blüte erlangt. In Madras gründete die Unionsregierung ein Lederforschungsinstitut, in dem die Fertigung von Schattenspielfiguren gelehrt wird. Noch ist das Schattentheater im Bewußtsein der Menschen in Mysore, Andhra Prades und Kerala, insbesondere in den ländlichen Bezirken, verankert. Ob es sich jedoch auf lange Sicht gegen die modernen Massenmedien behaupten kann, ist ungewiß.

Java (Farbt. 14–19)

Die Entstehungsgeschichte des javanischen und balinesischen Schattentheaters liegt bis heute im dunkeln. Im Versepos von Ardjunas Hochzeit (Ardjuna Wiwaha) aus der ersten Hälfte des 11. Jahrhunderts wird von Schattenspielaufführungen mit Lederfiguren berichtet und daß sie sich allgemeiner Beliebtheit erfreuen. Wenn das Schattenspiel im 11. Jahrhundert bereits integraler Bestandteil der javanischen Kultur war, wie die literarischen Quellen belegen, so muß dem ein langer Prozeß der Entwicklung und Akzeptanz vorausgegangen sein.

Im Laufe der Jahrhunderte haben hinduistische, islamische und europäische Zivilisation und Kultur auf das kulturelle Gefüge Javas und Balis eingewirkt. Die autochthone Kultur erwies sich stark genug, die Einflüsse aufzufangen und zu integrieren. Am deutlichsten zeigt sich die Umwandlung fremder Einflüsse bei der Übernahme der hinduistischen Epen Ramayana und Mahabharata: Man verlegte den Ort der Handlung von Indien nach Java, gab den Bergen und Flüssen javanische Namen und sah die eigenen Landesfürsten als direkte Nachkommen des Geschlechts der Pandawa, der Helden aus dem Mahabharata. Die gegenseitige geistige Durchdringung war so stark, daß das javanische Pantheon von der hinduistischen Götterwelt langsam verdrängt wurde und die ursprünglich fremden Götter als eigene angesehen und verehrt wurden, während andererseits die ursprünglich eigenen mythischen Vorfahren hinduisiert wurden. Der Islam bewirkte mit seinem Verbot der realistischen Menschendarstellung nicht das Ende des Schattenspiels, sondern eine stilistische Veränderung der Figuren und schuf ein neues Repertoire: das *Wayang gedog*.

Diese starke Integration der Fremdeinflüsse wäre sicher nicht möglich gewesen, wenn die Schattenspielaufführungen nicht tief im Bewußtsein der Inselbewohner verankert gewesen wären oder nur oberflächlicher Volksbelustigung gedient hätten. Die Wayang-Aufführungen waren und sind noch heute tief in den religiösen Vorstellungen der Javaner und Balinesen verwurzelt. Zeremonien begleiten die Herstellung der Figuren und ihr Erscheinen auf der Bühne. Der Spieler, *Dalang*, hat während der Vorstellung priesterliche Funktionen. Mit seinem Spiel soll er die Ahnen herbeirufen, damit sie mit ihren magischen Kräften die Lebenden schützen. Die Figuren sind für Javaner und Balinesen nicht nur die Helden einer spannenden Geschichte, sondern auch Manifestationen der mythischen Ahnen.

Unter dem Begriff Wayang versteht man in Indonesien nicht nur das Spiel mit projizierten Schatten, sondern die verschiedensten Theaterformen vom Figurenspiel bis zum Tanztheater. Folgende Wayang-Arten werden nach Figurenmaterial und Aufführungsrepertoire unterschieden:

Als *Wayang kulit* bezeichnet man das Schattenspiel mit flachen, bemalten Pergamentfiguren (javanische Bezeichnung: *Wayang lulang* oder *Wayang chuchal*).

Wayang purwa: Purwa bedeutet Anfang, Beginn, das Älteste. Ob man aus der linguistischen Bedeutung des Wortes auf das Alter des Spiels schließen kann, ist zweifelhaft, zumal eine Ableitung von dem Sanskrit-Begriff *Parvan* aus dem Mahabharata nicht ausgeschlossen werden kann. Der Repertoire der Wayang-purwa-Aufführung ist den beiden großen hinduistischen Epen, dem Mahabharata und Ramayana entlehnt; die Inhalte wurden jedoch javanisiert, d. h. Helden und Orte der Handlung nach Java transponiert und so zu Geschichten aus dem »alten Java« gemacht. Das Wayang purwa und seine Aufführungsinhalte sind die beliebtesten und am weitesten bekannten Schattenspiele.

Wayang gedog (jav.)/ *Wayang gambuh* (bal.): Die Bedeutung des Wortes gedog ist nicht geklärt. Die Figuren des Wayang gedog unterscheiden sich in der Kleidung von denen des Wayang purwa. Aufgeführt werden die Heldentaten des Prinzen Pandji und die Geschichte der Reiche Djanggala, Kediri, Madjapahit und Singhasari aus der späten Hinduzeit (15. Jahrhundert) auf Ostjava. Nach der Überlieferung ist das Wayang gedog jünger als das Wayang purwa; es soll Ende des 15. Jahrhunderts von Prabu Sadmata, dem mohammedanischen Heiligen Sunan Giri, eingeführt worden sein. Wayang-gedog-Spiele werden noch heute vor allem in Ostjava aufgeführt. Auf Bali wurde diese Form des Wayang ganz aufgegeben. In jüngerer Zeit wurde von offiziellen Stellen versucht, das Interesse an dieser Wayang-Art wiederzubeleben.

Wayang madja: Gespielt werden Erzählungen des im 19. Jahrhundert lebenden Dichters Ranggawarsita, der seine Werke der Mangkunegara-Dynastie von Surakarta zueignete. Die meisten Stücke erzählen von den Tagen des legendären Fürsten Djajabaja. Neben den Wayang-Aufführungen mit den klassischen Inhalten aus Mythologie und Geschichte Javas gab es Versuche, im Wayang moderne Stoffe zu gestalten. Man wollte die Popularität des Wayang nutzen, um politische oder religiöse Ideen zu verbreiten.

Im *Wayang sulu* (sulu = Fackel) wurde die eigene jüngste Geschichte verherrlicht. Naturalistische Figuren stellen die bekanntesten politischen Gegner der Niederländer dar und zeigen ihre Kämpfe bis zur Unabhängigkeit Indonesiens 1948. Die erste Wayang-sulu-Aufführung fand 1947 während eines Jugendkongresses in Madium auf Ostjava statt. Heute ist allerdings das Interesse an seinen Inhalten erloschen, so daß es nicht mehr gespielt wird.

Wayang Java/Wayang Indonesia: Die Aufführungen berichten von den Heldentaten Diponegoros während des Javakrieges 1825 bis 1830.

Wayang Adam Ma'rifat: Die gleichnamige islamische Sekte benutzte die traditionellen Figuren zur Propagierung ihrer Glaubensvorstellungen.

Wayang wahja oder *Wayang katolik* ist das christliche Pendant zum Wayang Adam Ma'rifat. Für das Spiel von Geschichten aus dem alten und neuen Testament wurden besonders realistische anthropomorphe und zoomorphe Figuren geschaffen.

Wayang Sasak (Sasak sind die Bewohner der Insel Lombok): Dem Spiel liegen islamische Geschichten zugrunde. Das von Lombok übernommene Spiel wird in Ostbali von zwei Dalang aufgeführt.

Wayang Cupak: Dieses Wayang ist auf Westbali sehr beliebt. Die dargestellten Geschichten erzählen von zwei Brüdern, einem guten, dem Helden, und einem bösen, wobei am Ende der Gute gegen den bösen Feigling siegt.

Wayang Calonarang: Hauptsächlich im Süden Balis ist dieses Spiel, nach der Hexe Calonarang benannt, bekannt. Alle Freier der schönen Tochter Calonarangs schrecken vor der künftigen Schwiegermutter zurück. Endlich heiratet ein heiliger Mann die Tochter und besiegt nach erbitterten Kämpfen die Hexe.

Wayang kelitik oder *Wayang kerutjil:* Die polychromen Figuren gleichen im Aussehen denen des Wayang kulit, jedoch sind die Körper in flachem Relief aus Holz gearbeitet; an den Schultern sind Arme aus Pergament befestigt. Bei den heute selten gewordenen Vorstellungen in Ost- und Mitteljava werden die Heldentaten des Prinzen Damar Wulan, Geschichten aus dem Majapahit-Reich aufgeführt. Der Dalang bewegt die Figuren für das Publikum sichtbar in einer Öffnung der weißen Spielleinwand.

Als *Wayang golek* (golek = Holzpuppen) bezeichnet man das Puppenspiel (kein Schattenspiel!) mit vollplastischen Figuren. Nur Kopf und Oberkörper sind aus Holz geschnitzt. Unter einem langen, an der Hüfte befestigten Stoffrock verbirgt sich der Haltestab der Figur. Der Kopf sitzt fest auf dem durch den Oberkörper geführten Haltestab auf und kann durch Drehung des Stabes bewegt werden. Die hölzernen Arme, in Ober- und Unterarm gegliedert, sind mit Schnurgelenken beweglich verbunden. In Westjava führt man mit den Puppen die gleichen Geschichten wie im Wayang purwa auf. In Mitteljava beinhaltet das Spiel die Feldzüge und Abenteuer des islamischen Prinzen Menak, der zur Zeit Mohammeds gelebt haben soll.

Wayang topeng (topeng = Maske): Anstelle der Figuren treten Tänzer mit polychromen Masken auf. Ursprünglich bewegten sich die Tänzer pantomimisch zu den von einem Dalang rezitierten Texten. Heute sprechen in Mitteljava und auf Bali die Tänzer den Text selbst. Die Masken wurden früher an einem Holzpflock oder Lederstreifen mit den Zähnen gehalten; heute hält man sie mit einer Hand am Kinn fest.

Aufgeführt werden auf Java Episoden aus dem Panji-Zyklus, auf Bali Geschichten aus den großen Fürstenhäusern.

Wayang wong (wong = Mensch): Schauspieler-Tänzer spielen Episoden aus dem Mahabharata und Ramayana. Nur die Affen- und Dämonendarsteller tragen noch Halbmasken. Die Dialoge werden von den Darstellern selbst gesprochen. Der Dalang trägt Beschreibungen der Handlungsorte und Zwischentexte vor und dirigiert mit Klopfzeichen Schauspieler und Orchester.

Wayang beber (beber = ausgebreitet, entfaltet): Auf einer etwa 2 m langen und etwa 50 cm breiten Stoff- oder Papierbahn sind meist zwei

Episoden aus dem Ramayana, dem Mahabharata, den Heldentaten des Prinzen Damar Wulan oder des Fürsten Djajabaja aufgemalt. Zu einer vollständigen Bildfolge gehören zwölf Rollen. Im Laufe der etwa dreistündigen Vorstellung rollt der Dalang die Bahnen ab und erläutert die aufgemalten Bilder. Die Vorführungen finden bei Tageslicht statt. In den fünfziger Jahren lebte an der Südküste Javas in Patjitan ein Dalang, der noch Wayang-beber-Vorführungen gab.

Die Herstellung der Wayang-kulit-Figuren

Die Figuren, zwischen 20 und 100 cm groß, werden aus der Haut von zwei- oder dreijährigen Büffeln geschnitten; auch Rinderhaut wird verwendet. Die Tierhäute werden so präpariert, daß sie trocken und völlig fettfrei sind und die für die Stabilität der Figuren benötigte Festigkeit und Stärke haben. Fälschlich werden die javanischen Schattenspielfiguren als Lederfiguren bezeichnet. Die Büffel- oder Rinderhaut wird jedoch nicht mit Gerbsäure oder Salzen behandelt, wie es zur Herstellung von Leder üblich ist. Im Unterschied zu Leder ist die Haut nach der Behandlung lichtdurchlässig. Um dies zu erreichen, wird das Pergament mit Messern so lange geschabt, bis es die Farbe von blassem Elfenbein erhält und durchscheinend geworden ist. Obwohl das Pergament aus Büffelhaut nicht so widerstandsfähig ist wie das aus Rinderhaut, gibt man ihm auf Java bei der Herstellung der Figuren den Vorzug. Aus der Haut eines dreijährigen Büffels können etwa zehn Figuren von mittlerer Größe (= 42 cm) geschnitten werden.

Als Vorlage für eine neue Figur wird eine alte zum Durchzeichnen auf das Pergament gelegt. Man achtet darauf, daß die Füße über stärkeren Partien liegen als Kopf und Oberkörper, damit die Figur nicht kopflastig und dadurch instabil wird. Auch sind die Füße ihrer Größe wegen beim Spiel, insbesondere bei den Kämpfen, wenn der Dalang die Figuren heftig an- und gegeneinanderschlägt, besonders großen Belastungen ausgesetzt. Kleine und edle Typen werden aus dünnerem Pergament geschnitten. Das beste Pergament aus dem Rücken des Büffels ist dem Pausenzeichen – *Gunungan* – vorbehalten.

Die Figur wird entlang der aufgezeichneten Umrißlinie ausgeschnitten. Erst dann wird die Binnenzeichnung in die konturierte Figur eingetragen. Um die Gesichtszüge, Standesattribute, Muster der Kleidung, Schmuck und Haartracht auszustanzen, braucht der Hersteller fünfzehn bis dreißig Meißel mit unterschiedlich geformten Klingen. Zum Ausstanzen der Binnenzeichnung legt man die Figur auf eine hölzerne Unterlage und treibt mit einem Holzhammer die Meißel durch das Pergament. Um die Meißel gleitfähig zu halten, drückt man sie während der Arbeiten in ein Stück Bienenwachs, das am Hammerkopf befestigt ist. Die Meißel müssen sehr scharf sein, um das Pergament glatt durchzuschneiden, denn ausgefranste Ränder zeichnen auf dem Spielschirm keine scharfen Konturen. Sind alle Attribute, Kleidung und Schmuck aus dem Pergament herausgeschlagen, wird das Gesicht – insbesondere die Nase, die Augen und der Mund – noch einmal überarbeitet. Dieser letzte Arbeitsgang, *ambedah,* bedeutet »der Figur Leben geben«. Man beginnt mit der Nase, vervollkommnet dann den Mund, und zum Schluß werden die Augen fertiggestellt. Damit ist die Figur symbolisch mit Leben erfüllt.

Die indonesischen Schattenspielfiguren sind stilisiert und zeigen eine starke Überbetonung physischer Charakeristika, etwa in der fast zerbrechlichen Zierlichkeit schlanker, edler Staturen oder der fast kugeligen Leibesfülle bei Dämonen und Spaßmachern. Besonders kennzeichnend für die javanischen Figuren ist die kreuzartige Wiedergabe von Oberkörper und Schultern, wobei der Oberkörper in Schrägansicht gezeigt wird und die nach vorn weisende Schulter stark gelängt, die hintere perspektivisch verkürzt dargestellt ist. Eingezogene und ausladende Partien – von der Taille zu den Oberarmen, vom Hals zum Kinn, von der Schulter zum Nacken – verbinden sich in elegant geschwungenen Linien. Die überlangen, schlanken Arme lassen die Gestik als tänzerische Bewegungen erscheinen.

Schwünge und Bogenlinien, auf ein kleineres Format zurückgenommen, bestimmen auch die filigranen, asymmetrischen und vegetabilisch wuchernden Ornamente der Kleidung und des Schmuckes. Nach dem Ausschneiden und Perforieren wird die Figur zum Bemalen weitergegeben. Die Farbpalette des Malers besteht zunächst aus den fünf Grundfarben, mit denen er sich sechzehn Farbkombinationen mischen kann. Die Grundfarben sind: Weiß aus Knochenasche von Büffel oder Rind, als Gelb verwendet man gelben Ocker, als Blau Indigo, als Schwarz Lampenruß und chinesisch Rot als Rot.

Früher bereitete er die meisten Farben selbst, heute werden Industriefarben verwendet. Zur Erhöhung der Haftfestigkeit wird den Farben Leim beigegeben. Weiß wird noch immer aus Büffel- oder Rinderknochenasche gewonnen. Mit einem Schleifstein werden alle Unebenheiten des Pergaments geglättet und eine dichte, strukturierte Oberfläche für den Farbauftrag vorbereitet.

Der Farbauftrag und die Kombination verschiedener Farben sind festen Regeln unterworfen. Zunächst wird die ganze Figur mit einer weißen Grundfarbe überzogen. Ist die Grundierung getrocknet, wird die Bemalung mit Schwarz fortgesetzt; zuerst werden am Kopf die Haare und Augenpartien geschwärzt, bei einigen Figuren auch Gesicht und Körper und Teile der Kleidung. Mit besonderer Sorgfalt werden die Partien zwischen den Perforationen schwarz abgedeckt, weil diese Stellen, wenn während der Vorstellung Licht darauf fällt, leicht grau erscheinen. Dann folgt der Auftrag von Gold (Blattgold oder Bronzefarbe) auf Kleidung und Schmuck. Goldfarbe am Körper wird erst später aufgetragen. Schließlich werden die Farben Rot, Gelb, Blau und Grün aufgebracht. Der Künstler muß beim Farbauftrag darauf achten, daß Rot nicht an Blau, sondern an Grün grenzt; Gelb darf neben Blau gesetzt werden, aber nicht neben Grün. Beide Seiten der Figuren sind identisch bemalt. Durch den Farbauftrag wird das Pergament lichtundurchlässig.

An die vollständig bemalte Figur werden die Arme montiert. Sie sind in den Ellbogen- und Schultergelenken beweglich. An den Gelenkstellen werden die Teile übereinandergelegt, durchbohrt und mit Knochenstiften oder verknoteter Schnur aneinander befestigt. Als letztes werden der zentrale Stützstab eingesetzt und die Führungsstäbe mit den Händen verbunden. Bei den Figuren hohen Ranges und bei wertvollen Figuren nimmt man Büffelhorn als Material für den Stützstab, bei allen anderen Figuren Bambus. Das obere Ende des Stabes ist extrem dünn, nach unten hin wird er stärker und endet in dem mit einer Spitze versehenen Griffteil.

Der Stab wird bis an den Griff gespalten und über Wasserdampf so gebogen, daß er am Kopf beginnend, über Hals und Oberkörper, die Kurvatur des Rückgrats nachvollziehend, über das nachgestellte Bein hinunterläuft. Mit Kokosfaser befestigt man Figur und Haltestab aneinander. Das helle Horn wilder Rinder wird bevorzugt verwendet; für dunkelfarbene Figuren fertigt man die Stäbe aus dem schwarzen Horn des Wasserbüffels.

Alle Arbeitsgänge vom Präparieren der Tierhaut bis zur Befestigung der Führungsstäbe haben spezielle, nur auf sie anwendbare Bezeichnungen. Auch jedes Ornament, von der einfachen geraden Linie bis zur kunstvollen Spirale, und jedes Ziermotiv – es sind 22 – hat seinen spezifischen Namen. Bei der Anordnung und Auswahl der Motive zur Verzierung einer Figur und bei der Farbwahl ist der Künstler an genaue Vorschriften gebunden. Eigenen Intuitionen kann und darf er nicht nachgeben.

Wie die gesamte Entwicklung des javanischen Schattenspiels ist auch die Ikonographie der Wayang-Figuren Veränderungen und Beeinflussungen von außen unterworfen. Daß sie stilistisch in die gesamte buddhistische Kunst eingebunden sind, kann man an den Basreliefs der ostjavanischen Tempel der Panataran-Gruppe aus dem 13. und 14. Jahrhundert erkennen. Zwar weichen die heutigen javanischen Figuren stilistisch von den Figuren aus den Reliefs ab, doch zeigen die balinesischen Figuren noch immer große Übereinstimmungen mit ihnen. Nach Errichtung einer javanischen Kolonie auf Bali wurde im 14. Jahrhundert die balinesische Kultur stark von der javanischen beeinflußt. Man darf annehmen, daß die Javaner auch ihr Wayang-Spiel zum spirituellen Schutz ihrer Kolonisatoren nach Bali gebracht haben. Unter dem Einfluß des Islam seit dem 15. Jahrhundert veränderten die Hersteller die ursprünglich anthropomorphen Formen der Figuren immer stärker. Die vom orthodoxen Islam verbotene Darstellung eines lebenden Wesens (s. Kap. Türkei) wurde auf Java nie streng beachtet. Die Figuren wurden so stilisiert, daß sie nicht mehr realistische Abbildungen lebender Wesen waren, aber bei aller Stilisierung noch immer als solche erkennbar blieben. Auf Bali, das nie islamisiert wurde, behielt man die ursprünglichen javanischen Formen mit geringen Abweichungen bei.

Körperhaltung und Gesichtsschnitt lassen soziale Stellung und Charakter der Figuren erkennen, Schmuck, Kleidung und Haartracht unterstreichen die durch die Körperhaltung vorgegebene Charakterisierung. Die im Wayang-Spiel auftretenden Charaktere können zunächst in zwei größere Gruppen unterteilt werden: die edlen, vornehmen Charaktere und die rohen, gewalttätigen. Die Darstellung der unter-

Fig. 4 Gesicht und Beinstellung eines edlen Charakters (links) und eines agressiven Charakters

schiedlichen Typen ist festen Regeln unterworfen: Die edlen und vornehmen Personen sind meist klein und von zierlichem Körperbau. Sind Kopf und Oberkörper noch nach vorn geneigt, so gilt dies als gelassene, ruhige und vornehme Haltung. Die Nase ist lang und schmal, Stirn und Nasenrücken bilden eine gerade, nicht unterbrochene Linie. Augenhöhle und Pupille sind schmal, zum Teil mandelförmig, mit in langer Spitze auslaufendem Augenwinkel. Die Haare können zu einem langen, nach hinten aufgebogenem Zopf frisiert sein (zum Beispiel Ardjuna), oder sie sind unter einer hohen, prächtigen goldenen Krone (zum Beispiel Kresna) verborgen. Außer Kronen unterschiedlicher Größe tragen Götter und Priester auch Turbane als Kopfbedeckung oder aber eine Kombination aus Krone und Turban. Schuhe und hemdartige Jacken dürfen auch unter den edlen Charakteren nur Götter und Weise oder Priester tragen. Die meisten Figuren werden mit bloßem Oberkörper dargestellt, der aber oft mit großen Schmuckelementen bedeckt ist. Kennzeichen der Könige ist eine nach oben spitz zulaufende, reich verzierte Rückendevise als Schmuck und Standeszeichen; es handelt sich nicht, wie häufig angenommen wird, um Flügel.

Alle männlichen Figuren tragen meist knielange Hosen. Über die Hose wird ein Hüfttuch *(dodot)* geschlagen, dessen mehr oder weniger sorgfältige Auszier und Bemalung den gesellschaftlichen Rang seines Trägers zu erkennen gibt. Große Karos zum Beispiel werden von dem Windgott Bayu und seinen Adoptivsöhnen Bima und Hanuman getragen. Auch reich verzierter und figürlich gestalteter Schmuck an Oberarmen und Handgelenken deutet auf einen hohen sozialen Status hin.

So wie Körperhaltung und Gesichtsform den Charakter kennzeichnen, zeigt auch die Beinstellung an, ob die Figur zu den Vertretern des Guten oder Bösen zählt. Eng zusammenstehende Beine sind kennzeichnend für Götter und alle edlen Charaktere.

Die gewalttätigen, aggressiven und kriegerischen Charaktere sind an ihren großen knollenartigen Nasen, den runden, weit aufgerissenen Augen, den weit auseinanderstehenden Beinen und dem kräftigen Körperbau leicht zu erkennen. Dämonen, Riesen und Affen sind zusätzlich mit scharfen Reißzähnen in Ober- und Unterkiefer versehen.

Außer den beiden Grundcharakteren gibt es auch Mischformen, die charakteristische Merkmale beider Gruppen in sich vereinen, zum Beispiel Helden, deren edle Gesichtszüge die vornehme Herkunft erkennen lassen, deren weite Schrittstellung jedoch kriegerischen Charakter offenbart. Neben der figurativen Kennzeichnung der Charaktere wird auch die Farbe zeichenhaft eingesetzt. Dabei ist die Gesichtsfarbe signifikanter als die Körperfarbe. Vier Gesichtsfarben dienen der Charakterisierung: Rot, Weiß, Gold und Schwarz (zu Schwarz werden auch Dunkelgrün und Dunkelblau gerechnet; möglicherweise verwendete man diese Farben, um Nuancierungen in den Charakteren zu zeigen). Rot drückte Jähzorn, Aggressivität aus, Schwarz ursprünglich Schwerfälligkeit. Die Farbe hat jedoch einen Bedeutungswandel erfahren: Heute gilt Schwarz als Zeichen der Reife, Besonnenheit und des Alters. Gold bedeutet Würde und Jugend, Weiß Stärke.

Während einer Vorführung kann dieselbe Figur mit unterschiedlicher Gesichtsbemalung auftreten: *Ardjuna* zum Beispiel erscheint zunächst als jugendlicher Held mit goldenem Gesicht, nach Mitternacht jedoch mit einem schwarzen, um Alter und die aus Erfahrung gewon-

10 Java: Semar. Wayang-kulit-Figur. Papier, 28 × 17,5 cm (ohne Stab). Ende 19. Jh. Berlin (West), Staatliche Museen Preußischer Kulturbesitz, Museum für Völkerkunde

11 Java: Barong, Gefährte von Semar. Wayang-kulit-Figur. Pergament, 21 × 11 cm (ohne Stab). Ende 19. Jh. Berlin (West), Staatliche Museen Preußischer Kulturbesitz, Museum für Völkerkunde

nene Weisheit und Reife zu betonen. Der Bruder Ardjunas, *Bima,* ist durch seine Beinstellung als aggressiver Charakter ausgewiesen, entsprechend war auch sein Gesicht rot eingefärbt. Da er aber trotz seiner Aggressivität der Partei der Guten angehört, malte man sein Gesicht in einigen Gegenden Javas schwarz an, ohne die Beinhaltung und Gesichtsform zu verändern.

Die Frauenfiguren zeigen meist eine geneigte Kopfhaltung, spitze Nase und mandelförmige Augen. Die Füße stehen immer eng beieinander. Der zierliche Oberkörper wird von einem eng gewickelten Brusttuch oder einer Jacke umschlossen; um die Hüften tragen sie einen *Sarong,* der in einer Art Schleppe endet.

Tierfiguren wie Elefanten, Rinder, Büffel, Pferde, Schweine etc. sind realistisch in Darstellung und Farbgebung. Bei ihrer Herstellung und Bemalung ist der Künstler nicht so strengen Vorschriften unterworfen

12 Java: Kala Pratjeka. Wayang-kulit-Figur. Pergament, Höhe 25,5 cm (ohne Stab). Ende 19. Jh. Berlin (West), Staatliche Museen Preußischer Kulturbesitz, Museum für Völkerkunde

13 Java: Prabu Satijadjit. Wayang-kulit-Figur. Pergament, Höhe 21 cm (ohne Stab). Ende 19. Jh. Berlin (West), Staatliche Museen Preußischer Kulturbesitz, Museum für Völkerkunde

wie bei den menschlichen Figuren; er kann seinen eigenen Vorstellungen nachgehen. Von dem beschriebenen Schema der Charakterisierung weichen die sogenannten *Panakawans, Semar,* sein Schatten *Barong* und seine beiden Söhne *Petruk* und *Nalagareng,* ab. In keiner Vorstellung darf die berühmte und beliebte Figur des Semar fehlen.

Semar und seine Söhne sind die Spaßmacher. Sie sind bei ihren Auftritten weder an fixierte Rollen noch an tradierte Texte gebunden. Semar tritt stets als Diener des Helden auf und erweist sich in allen Situationen als intelligenter und kluger Ratgeber. Nach Mitternacht bestimmen er und seine Söhne den Fortgang der Handlung. Semar steht selbst mit den Göttern in Verbindung, und mit seinen magischen Kräften kann er Dämonen besiegen. Auch als Inkarnation einer Gottheit fungiert er.

Die Namen Semar, Petruk und Nalagareng sind der altjavanischen, nicht der indischen Literatur entnommen, das heißt, daß hier originäre javanische Figuren in das hinduistische Epos adaptiert wurden. Semar ist klein und zeichnet sich durch eine ungeheure Leibesfülle aus. Sein Gesicht und das seiner Söhne zeigen von allen javanischen Figuren die realistischsten Züge. In jüngerer Zeit haben die javanischen Semar-Figuren einen beweglichen Unterkiefer bekommen, wie es bei balinesischen schon lange Zeit üblich war.

Von großer Bedeutung für das javanische Schattenspiel ist das Pausenzeichen *Gunungan* (Berg), ein lanzettförmiges Pergamentbild, in dessen Mitte ein stilisierter Baum dargestellt ist. Das Geäst des Baumes

Fig. 5 Schematische Darstellung des javanischen Pausenzeichens (Gunungan)

14 Java: Kutsche. Wayang-kulit-Figur. Pergament, 39 × 68 cm. Um 1900. Berlin (West), Staatliche Museen Preußischer Kulturbesitz, Museum für Völkerkunde

ist von Vögeln, Affen und anderen Tieren bevölkert. Zu den stets wiederkehrenden Tieren gehören *Garuda* (Riesenvogel) und *Naga* (Schlange). Auf vielen javanischen Pausenzeichen steht am unteren Rand ein zweiflügeliges Tor, das zu beiden Seiten von keulenbewehrten Riesen – *butas* – bewacht wird, die dämonische Kräfte fernhalten sollen. Über dem Tor sind zwei gegenständige Tierfiguren – Löwen oder Stiere – wiedergegeben. Der Gunungan ist als Himmelsbaum oder Lebensbaum zu verstehen, das Tor als Himmelstor, hinter dem sich der Garten verbirgt, in dem der Himmelsbaum wächst. Der Gunungan ist nur auf einer Seite polychrom bemalt. Diese Seite wird als Zeichen für Baum und Berg eingesetzt; die andere Seite ist einheitlich rot und gilt als Symbol für Feuer.

Neben den für die Aufführung unbedingt erforderlichen Figuren verfügt der Dalang über eine Fülle von Requisiten: Gegenstände des täglichen Lebens, Kutschen, in jüngerer Zeit auch Fahrräder, Autos und Flugzeuge, Musikinstrumente und Waffen (Schwerter, Messer, Pfeil und Bogen, Lanzen und Gewehre und die für Java und Bali charakteristische Stichwaffe, der *Keris*), mit denen die Heroen ihre Kämpfe austragen. Die meist nur zweifarbig gehaltenen Waffen sind an einem Führungsstab befestigt, so daß Wurf, Schuß oder Hieb dargestellt werden können. Kulissen zur Bildhaftmachung des Schauplatzes sind unbekannt, wenn man von gelegentlich eingesetzten Bäumen absieht. Weiter gibt es auch größere Figurengruppen im Verband, Bilder ohne bewegliche Teile, zum Beispiel in Schlachtordnung ausgerichtete und kämpfende Heere.

Von den traditionellen Figuren weichen die Figuren des modernen Schattentheaters, *Wayang suluh,* in Herstellung und Ikonographie ab. Auf Pappe oder Ziegenhaut werden Zeitungsfotos geklebt und ausgeschnitten. In der Farbgebung werden die überlieferten Vorschriften außer acht gelassen; statt dessen bemüht man sich, mit einer naturalistischen Farbgebung die betreffende Figur, zum Beispiel den Staatspräsidenten, so lebendig wie möglich wiederzugeben. Man kann im strengen Sinn hier auch nicht mehr von Schattentheater sprechen, denn alle Zuschauer sitzen auf der selben Seite wie der Dalang. Auf der abgewandten Seite wären, da die modernen Figuren ohne Perforationen gearbeitet sind, nur Silhouetten zu sehen und die Identifizierung des Dargestellten sehr erschwert.

Der Dalang ist Eigentümer der Figuren, die er meist von seinem Vater geerbt hat. Es gibt aber auch Figurensätze, die Eigentum eines Dorfes oder eines Fürstenhofes sind. Man bewahrt die Figuren in rechteckigen Holzkisten *(Kotak)* auf, die nach Maßangaben und Wahl der Holzart durch den Dalang von Schreinern angefertigt werden. Verschlossen werden die Kisten, indem man den Deckel in die Nut der Seitenwände schiebt. Ein zusätzliches Schloß verhindert, daß Unbefugte die Figuren berühren. Die Figuren werden in traditionell festgelegter Reihenfolge in die Kiste gelegt. Man stapelt immer mehrere Figuren in Blöcken und umhüllt sie mit einer Matte. Zuunterst auf dem Kistenboden liegen die Affen, auf sie folgen die Dämonen der bösen Partei, die Götter, die Dämonen der guten Seite, die Diener, die Soldaten, die Tiere, die Frauen, die Helden beider Parteien; ganz oben liegt der Gunungan. In allen Kisten ist ein kleines Fach enthalten, in dem die *Kempala,* die kleinen Holzklopfer, mit denen der Dalang den Sprechtakt skandiert und das Orchester leitet, aufbewahrt werden.

Die Bühne

Die Bühne wird je nach Auftraggeber oder Anlaß in einem besonderen Raum für das Wayang-Spiel im Fürstenpalast (Keraton), einem öffentlichen Festsaal, in einer eigens für das Spiel aufgebauten provisorischen Hütte oder einfach unter freiem Himmel aufgeschlagen. Der Spielschirm *(Kelir)*, eine weiße, transparente Stoffbahn von ca. 5 m Länge und 1,50 m Höhe, ist an den Seitenkanten mit einem roten oder schwarzen Stoffband abgesetzt. Der Kelir wird nach den Angaben des Dalang von einem Schneider angefertigt. Die Spielfläche wird in der Mitte des Spielortes an einem Bambusrahmen aufgespannt. Auf der dem Dalang zugewandten Seite liegen zwei frische, in der Höhe gegeneinander versetzte Bananenstämme *(gedebog)*, parallel zum unteren Bühnenrand; in diese werden die Figuren mit den spitzen Enden der Stützstäbe eingesteckt. In der Mitte, etwa 20 cm vom Spielschirm entfernt, hängt die Lampe *(belengtjong)*, die häufig als *Garuda* gestaltet ist; auch Lampen mit einem hölzernen, reich verzierten Schirm, in dem der Ölbehälter aus Ton steht, sind bekannt. Alle Lampen sind nach hinten abgeschirmt, damit der Dalang während des Spieles nicht geblendet wird. Heute haben Petromax- und elektrische Glühlampen weitgehend die traditionellen Lichtquellen verdrängt.

Neben der Sitzmatte, links vom Dalang, wird die Kiste aufgestellt; in ihr bleiben alle Figuren, die er für die Vorstellung nicht braucht. An der Außenwand der Kiste werden noch einige kleine Holz- oder Metallplättchen befestigt, mit denen der Dalang Kampfeslärm erzeugt. Rechts vom Dalang liegen der Kistendeckel und darauf, stets griffbereit, die Spaßmacher. Auch die Figuren, die im Spiel nicht mehr auftreten, werden hier abgelegt.

Das Publikum sitzt entweder zu beiden Seiten oder nur auf einer Seite des Spielschirmes. Eine genau festgelegte Sitzordnung für Männer und Frauen gab es nachweislich nur an den Fürstenhöfen; da saßen die Männer hinter dem begleitenden *Gamelan*-Orchester auf der Seite des Dalang und die Frauen auf der dem Spieler abgewendeten Seite. Man nimmt an, daß früher eine generelle Trennung der Zuschauerplätze üblich war. Die Javaner glauben, daß die Figuren als Manifestationen götterähnlicher Ahnen magische Kräfte ausstrahlen, deren Wirkung nicht jeder in gleichem Maße ausgesetzt werden darf. Männer sind nach

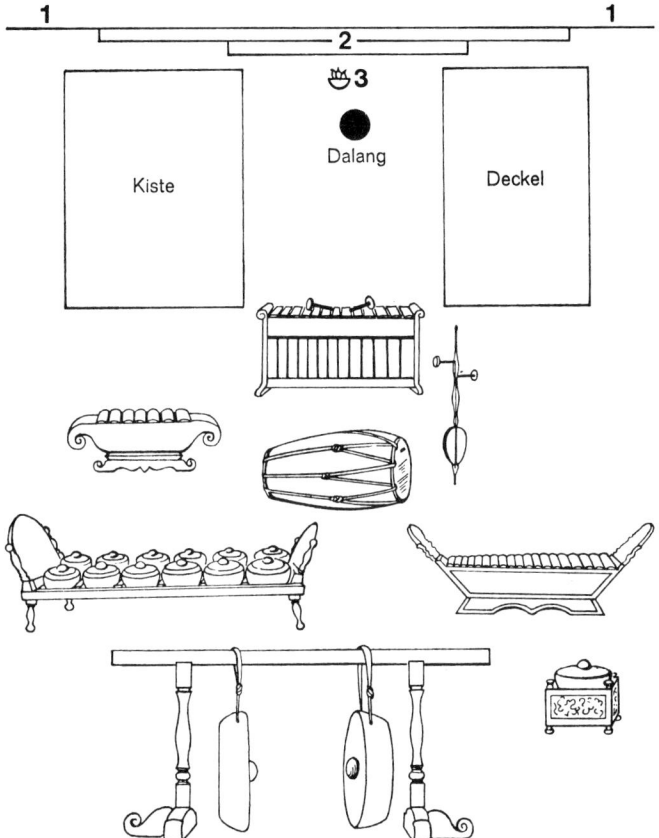

Fig. 6 Schematische Darstellung einer javanischen Bühne (1 = Schirm, 2 = Bananenstämme, 3 = Lichtquelle)

dem Verständnis der Javaner eher in der Lage, die magischen Kräfte zu ertragen als Frauen. Da die Wirkung der Figuren auf der Seite des Dalang größer ist, war dort der Sitzplatz der Männer. Als Schattenspiel sehen nur diejenigen Zuschauer die Aufführung, die hinter dem Spielschirm sitzen; von der anderen Seite sieht man die farbigen Figuren und – eingeschränkt – die Schatten, da die Figuren nicht – wie im chinesischen Schattenspiel – fest gegen den Schirm gepreßt werden, sondern in kurzem Abstand dazu agieren.

Die Vorstellung

Die Schattenspielvorführungen auf Java beginnen nach Sonnenuntergang gegen 19.30 Uhr mit einem fast zweistündigen Vorspiel des Gamelan-Orchesters und enden mit der Morgendämmerung. Nach dem Anzünden der Öllampe nimmt der Dalang in traditioneller javanischer Kleidung im Schneidersitz auf der Matte Platz und ordnet seine Figuren für das Spiel des Abends. Nach herkömmlicher Ordnung werden die Guten rechts und die Bösen links von ihm in die Bananenstämme gesteckt. Dabei sind die Figuren so gesetzt, daß die Ranghöheren im oberen Stamm stecken und die Niederen im unteren; außerdem müssen sie so stehen, daß die Profile vom Dalang abgewandt sind und die Größe der Figuren von der Mitte nach außen zunimmt. Zur Spielfläche hin schließt auf beiden Seiten jeweils ein Gunungan die Aufstellung der Figuren ab. Der in der Mitte der Spielfläche stehende Gunungan zeigt dem Publikum an, daß die Vorstellung noch nicht begonnen hat.

Jede Vorstellung beginnt der Dalang mit einem kurzen Gebet und einem Opfer an die Götter und die lokalen Schutzgeister. Die Vorstellungen folgen einem festgelegten Ablauf. Von etwa 21 Uhr bis Mitternacht dauert die Einführung in die Handlung; der Dalang schildert den Ort der Handlung, hält eine Lobrede auf den Fürsten, in dessen Reich die Episode spielt. In Gesprächen zwischen dem Fürsten und seinen Paladinen wird das Publikum mit dem Geschehen und bevorstehenden Aktionen bekannt gemacht, zum Beispiel der Arrangierung einer Heirat, Abwehr eines drohenden Angriffs etc. Nun wechselt die Szene; die Gegenpartei wird vorgestellt, ihre Umgebung geschildert und die Ausgangssituation des Stückes aus ihrer Sicht geschildert. Gesandtschaften beider Parteien treffen nun aufeinander; ein erster Kampf entbrennt, keine Seite gewinnt die Oberhand, beide Parteien ziehen sich wieder zurück. Wer in diesem ersten Zusammentreffen zur guten oder zur bösen Partei gehört, erkennt man daran, von welcher Seite die Figur die Szene betritt: Die Guten kommen von rechts, die Bösen von links.

Von Mitternacht bis 3 Uhr morgens entwickelt sich die Handlung weiter mit Intrigen, Verwirrungen, Mißverständnissen und Verwechslungen. Der Held des Stückes greift erst in diesem Teil des Stückes in das Geschehen ein. Seine Aufgabe ist, sich gegen alle Intrigen durchzusetzen, den Bedrohten zu helfen und den Guten zum Sieg zu verhelfen. Der dritte und letzte Abschnitt, von 3 bis 6 Uhr morgens, bringt die Lösung und endet nach einer gewaltigen Schlacht immer mit dem Sieg der Guten.

Grundgehalt aller Aufführungen ist der immerwährende Kampf zwischen Gut und Böse, in den Götter, Dämonen und Menschen verstrickt sind. Nicht immer können sich die Götter der Angriffe der Dämonen erwehren, und erst wenn ein Mensch mit besonderen magischen Kräften und außergewöhnlicher Tapferkeit sich ihnen zur Seite stellt, kann das Böse besiegt werden. Die Vorstellung wird jeweils zwischen dem ersten und zweiten Abschnitt durch kurze Pausen unterbrochen. Die Pausen und das Ende des Spiels werden durch Aufstellen des Gunungan in der Spielschirmmitte angezeigt.

In den einzelnen Szenen treten die Figuren mit langsamen und gemessenen Bewegungen auf; die Gestik der einzelnen Figuren ist ihrem Charakter und Temperament angemessen, bleibt aber immer verhalten. Selbst die Kämpfe arten nicht in wildes Aufeinanderschlagen aus. Die Dialoge und erläuternden Textpassagen sind sorgfältig aufgebaut, sehr ausführlich, bisweilen langatmig. Zur Betonung der Auftritte und Unterstreichung der Parteizugehörigkeit spricht der Dalang die Texte einzelner Figuren rechts oder links an der vor ihm hängenden Lampe vorbei. Mit dem Kempala, einem kleinen Holzklopfer, schlägt er gegen die Figurenkiste, um das Orchester zu leiten, seine Texte zu skandieren oder eine Geräuschkulisse – zu den Kampfszenen etwa – zu erzeugen. Die Szene vor dem Aufstellen des Gunungan beschließt der Tanz einer vollplastischen Wayang-golek-Figur. Sie soll zur Meditation über den Gehalt des Stückes anregen.

Anlaß zu einer Wayang-Aufführung

Für die Menschen auf Java und Bali ist das reibungslose Zusammenleben von Göttern, Geistern und Menschen von entscheidender Bedeutung für ein harmonisches Dasein auf der Erde. In schwierigen Situationen, vor neuen Aufgaben, vor dem Beginn eines neuen Lebensabschnittes wird man alles tun, um für sich oder die Gemeinschaft den Segen der vergöttlichten Ahnen zu erlangen und sich ihrer Anteilnahme am persönlichen Geschick zu vergewissern. Wenn die finanziellen Möglichkeiten es zulassen, werden alle bedeutenden Ereignisse von Wayang-Aufführungen begleitet: Bei Hochzeiten läßt man die Abenteuer eines Heroen aufführen, die mit einer Hochzeit glücklich enden; im siebten Monat einer Erstschwangerschaft wird der Dalang ein Stück spielen, das die glückliche Geburt eines der Helden zum Inhalt hat. Das Abfallen der Nabelschnur, die Beschneidung der Knaben (Java), das Feilen der Zähne (Bali), der Bau eines Hauses werden mit Wayang-Aufführungen festlich begangen. Man glaubt, den Segen der Götter am wirkungsvollsten auf sich lenken zu können, wenn in der Aufführung die Götter in der gleichen Situation dargestellt werden, in der sich die Menschen, die die Vorführung bestellt haben, befinden. Nicht nur zur Absicherung des Privatlebens wird der Dalang gerufen, sondern auch um der Dorfgemeinschaft den Beistand der Götter zu sichern. Der Bau oder die Renovierung eines Tempels, die Bitte um Regen, der Beginn der Aussaat und das Einbringen der ersten Ernte werden mit einer Wayang-Aufführung verbunden. Ein religiöses Gebot für Wayang-Aufführungen besteht bei Leichenverbrennungen (Bali) und als Reinigungszeremoniell beim gewaltsamen Tod eines Menschen (Java/Bali), bei Seuchen und Naturkatastrophen. Alle Schattenspielaufführungen werden von religiösen Zeremonien und Opfergaben an die Götter begleitet.

Der Dalang

Der Beruf des Dalang wird meist vom Vater an seine Söhne, in neuerer Zeit auch an seine Töchter weitergegeben. Sobald bei den Kindern Interesse an der väterlichen Tätigkeit wach wird, erhalten sie die ersten Unterweisungen im Schattenspiel. Nicht allein der Wunsch des Kindes oder der Eltern entscheidet darüber, ob es Dalang wird: Erst in der Konsultation eines Priesters und Wahrsagers wird entschieden, ob das Kind wirklich berufen ist, die Nachfolge des Vaters anzutreten. Ist die

Berufung akzeptiert, muß der künftige Dalang eine Lehrzeit beim Vater durchlaufen; es besteht auch die Möglichkeit, bei einem anderen Dalang in die Lehre zu gehen oder eine der staatlichen Wayang-Schulen zu besuchen. Meist erlernen die Kinder einen weiteren Beruf zur Existenzsicherung, den sie bei guter Beschäftigung als Dalang im günstigen Fall nicht ausüben müssen. Zunächst lernt der Schüler durch Beobachtung, wie die Figuren angeordnet und bewegt werden und welche Vorschriften dabei zu beachten sind. Vor den ersten eigenen Aufführungen assistiert der Lehrling seinem Lehrmeister. Die ersten praktischen Erfahrungen sammelt der künftige Dalang, wenn ihm gestattet wird, vor der eigentlichen Aufführung aus einem vorher festgelegten *Lakon* (Handlung, Drama) eine bestimmte Passage unter der Aufsicht des Dalang zu spielen. Die Vertretung des Dalang bei Tagesaufführungen, die gewöhnlich um 10 Uhr morgens beginnen und hauptsächlich von Kindern besucht werden, bietet weitere Möglichkeiten, das theoretisch Erlernte zu praktizieren. Ausbildung und Abschluß werden formlos, ohne besondere Zeremonien oder Weihen vollzogen. In den *Satra Miruda* und *Serat Centini* sind die Aufgaben und Gebote, die jeder Dalang zu beachten hat, schriftlich niedergelegt. Zu den wichtigsten Punkten gehört: Er darf weder die beschreibenden Texte noch die Dialoge abwandeln oder kürzen, da Inhalt und Länge traditionell festgelegt sind. Er muß die Inhalte der verschiedenen Lakon und ihre Zusammenhänge untereinander genau kennen und wissen, wann welche Personen aufzutreten und in welcher Abfolge sie auf der Bühne zu erscheinen haben. Er muß die für jede Figur typischen Bewegungen beherrschen und sie synchron zum gesprochenen Text ausführen. Wichtig ist die Kenntnis des *Kawi* (Altjavanisch), um die Namen der Fürsten und Helden zu erläutern und ihre Reden in Kawi zu sprechen.

Der Dalang muß das klassische Versmaß, die unterschiedlichen Deklamier- und Gesangstile beherrschen. Seine Stimme muß so ausdrucksstark sein, daß er männliche und weibliche Stimmlagen nachahmen und die unterschiedlichen Charaktere differenzieren kann. Außerdem hat er zu berücksichtigen, daß Fürsten, Dämonen und einfaches Volk mit unterschiedlicher Diktion sprechen.

Vortrag und Spiel sollen bei den Zuschauern Spannung und Mitgefühl hervorrufen. Einzig bei den Auftritten der Spaßmacher sind dem Dalang Improvisationen und witzige Anspielungen zu lokalen Ereignissen gestattet, die jedoch nie ins Grobe oder Obszöne abgleiten dürfen. Von den improvisierten Passagen erwarten die Zuschauer nicht nur Späße und Kritik an Mißständen, sondern auch Zuspruch, Rat und Lösungshilfen für die lokalen Probleme.

Während einer Vorstellung darf der Dalang keine Figur besonders hervorheben oder zurückstellen; er darf nur die zur Aufführung nötigen Worte sprechen, nie das Publikum direkt ansprechen; seinen Sitzplatz darf er bis zum Ende der Vorstellung nicht verlassen. Beim Spiel wird er von einem oder zwei Helfern unterstützt, die ihm die Figuren und Requisiten zureichen und nach den Auftritten beiseite räumen.

Jeder Dalang erweist seinen Figuren eine gewisse Verehrung, gelten sie doch als die Manifestationen der Ahnen. Jeden Donnerstagabend bietet er ihnen mit Gebeten und Opfergaben seine Referenz. Im Spiel getötete Figuren erweckt er mit einer besonderen Zeremonie wieder zum Leben. Die traditionellen Kleidungs- und Fastengebote werden heute nur noch selten eingehalten. Im täglichen Leben ist der Dalang keinen Restriktionen unterworfen, abgesehen davon, daß man von ihm ein seiner hohen Stellung im Sozialgefüge des Dorfes würdiges und vornehm zurückhaltendes Auftreten erwartet.

Ein weiblicher Dalang erhält die gleiche Entlohnung wie ein männlicher Kollege und steht ihm auch im sozialen Ansehen gleich.

Die Ausbildung zum Dalang an den staatlichen Schulen dauert zwei bis drei Jahre. Auf die 1973 gegründete Akademie für Wayang-Spiele kann nur gehen, wer eine dreijährige Ausbildung an einer Schule mit Erfolg abgeschlossen hat. An der Akademie werden alle Wayang-Varianten gelehrt. Der Unterricht an den staatlichen Institutionen fördert die kritische Auseinandersetzung mit dem traditionellen Wayang. Die künftigen Dalang fühlen sich nicht mehr ausschließlich den tradierten Texten verpflichtet, sondern sind offen für neue Ideen. Das Examen setzt sich aus einer mündlichen und schriftlichen Prüfung zusammen. Die examinierten Dalang werden von der Regierung auch zur staatspolitischen Erziehung eingesetzt. Sie sollen durch ihre Aufführungen dafür sorgen, daß Regierungsprogramme, zum Beispiel die Geburtenkontrolle, Verbreitung finden.

Das Orchester

Jede Schattenspielaufführung wird von einem Orchester begleitet. Die Musiker sitzen hinter dem Dalang. Den Einsatz der Instrumente, Tempi und Rhythmus lenkt der Spieler durch Klopfzeichen mit dem *Kempala* an der Figurenkiste zu seiner Linken. Jede Figur hat ihre charakteristische Musik; so ist es den Zuschauern möglich, bereits beim Einsatz des Orchesters Person und Charakter der auftretenden Figur

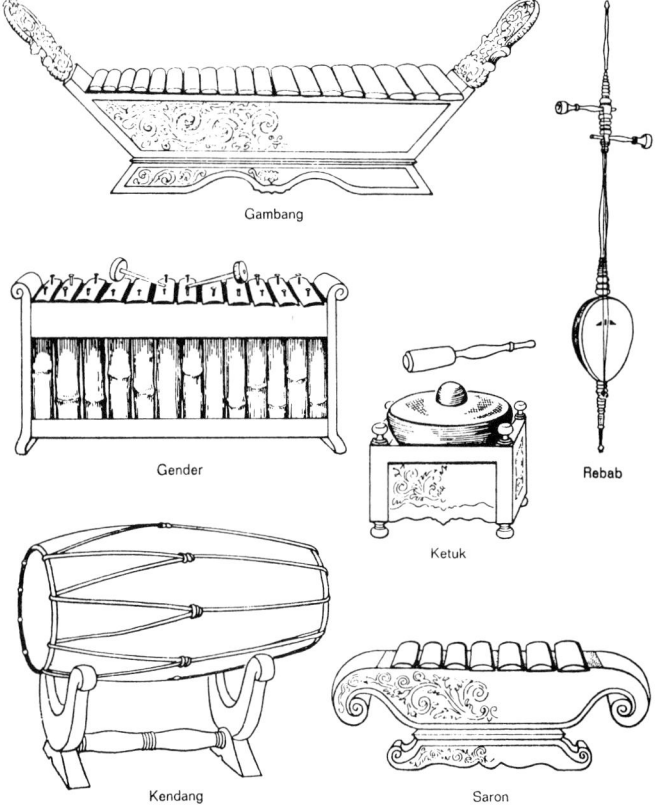

Fig. 7a Begleitinstrumente zum javanischen Schattentheater

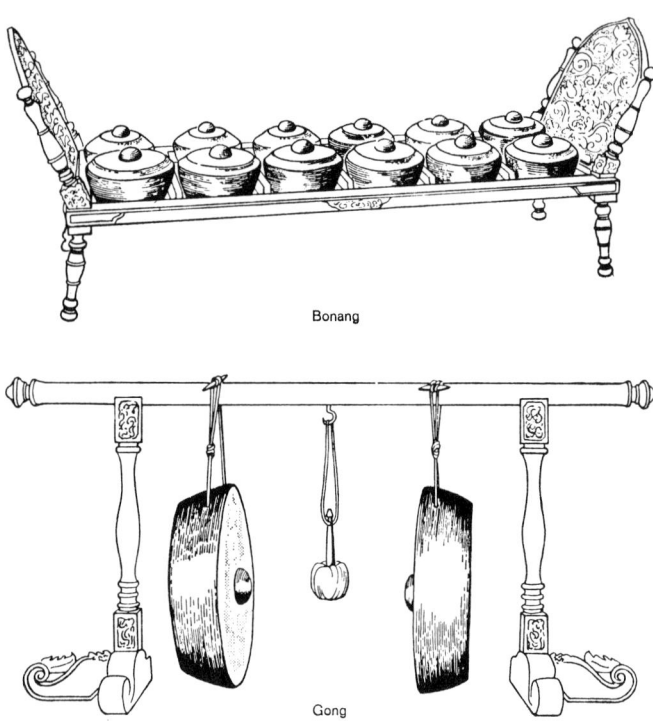

Fig. 7b   Begleitinstrumente zum javanischen Schattentheater

zu erkennen. Das Orchester setzt sich überwiegend aus Metallklangkörpern *(Gong, Ketuk, Bonang),* xylophonartigen Instrumenten *(Gambang, Gender, Saron),* einem Streichinstrument *(Rebab)* und einer großen Trommel *(Kendang)* zusammen. In neuerer Zeit kommen oft zur instrumentalen Begleitung noch eine oder mehrere weibliche Stimmen hinzu.

Bali und Lombok   (Farbt. 20)

Auf Bali, wo das Schattenspiel durch javanische Einwanderer bekannt wurde, hat es sich stärker in der traditionellen Spielart erhalten, da diese Insel nie unter islamischen Einfluß geriet und daher nicht gezwungen war, eine Synthese zwischen der eigenen Kultur und der der Eroberer zu finden.

Die Herstellung ist auf beiden Inseln gleich. Während die javanischen Figuren nur bewegliche Arme besitzen, sind auf Bali einige Spaßmacher mit beweglichen Unterkiefern oder Beinen ausgestattet, die durch einfache Zugmechanismen ähnlich wie bei den Nang-talung-Figuren in Thailand bewegt werden können. Zur Herstellung und zum

15 Bali: Buta. Wayang-kulit-Figur. Pergament, Höhe 36 cm (ohne Stab). Ende 19. Jh. Berlin (West), Staatliche Museen Preußischer Kulturbesitz, Museum für Völkerkunde

16 Bali: Prabu mit Bunara (Rama mit Bogen?). Wayang-kulit-Figur. Pergament, Höhe 41 cm (ohne Stab). Ende 19. Jh. Berlin (West), Staatliche Museen Preußischer Kulturbesitz, Museum für Völkerkunde

17 Bali: Delem. Wayang-kulit-Figur. Pergament, Höhe 40 cm (ohne Stab). Ende 19. Jh. Berlin (West), Staatliche Museen Preußischer Kulturbesitz, Museum für Völkerkunde

Bemalen der Figuren wählen konservative Künstler besondere glücksbringende Tage aus dem Kalender aus. Im Süden Balis wird vor der farbigen Fassung Schwarz als Grundierung aufgetragen, das bei allen Figuren, bei denen keine schwarze Körperfarbe vorgeschrieben ist, nach dem Trocknen mit Weiß übermalt wird. Im Norden Balis werden die Farben ohne jede Grundierung auf die ausgeschnittene Figur aufgemalt. Die am häufigsten verwendeten Farben sind Rot, Gelb, Gold, Weiß, Schwarz und Blau. Die Führungsstäbe der balinesischen Figuren sind im Gegensatz zu den geschwungenen javanischen gerade; sie beginnen ungefähr in halber Kopfhöhe und laufen gerade über den Körper nach unten.

Unbrauchbar gewordene Figuren werden an einem besonderen Platz im Haus des Dalang, unter den noch einsatzfähigen Figuren in der Spielkiste oder im Haustempel aufbewahrt. Ein Verkauf selbst völlig zerspielter Figuren an Touristen gilt als Sakrileg und grobe Beleidigung für die Figuren. Auch heute noch wird jede Figur nach Abschluß aller Herstellungsarbeiten durch Gebete und Opfer feierlich für ihre Aufgaben geweiht.

19 Bali: Wisnumurti. Wayang-kulit-Figur. Pergament, Höhe 53 cm (ohne Stab). Ankauf 1975. Berlin (West), Staatliche Museen Preußischer Kulturbesitz, Museum für Völkerkunde

◁ 18 Bali: Tschatrik. Wayang-kulit-Figur. Pergament, Höhe 39 cm (ohne Stab). Ende 19. Jh. Berlin (West), Staatliche Museen Preußischer Kulturbesitz, Museum für Völkerkunde

20 Bali: Wagen. Wayang-kulit-Figur. Pergament, 30 × 45 cm. Ende 19. Jh. Berlin (West), Staatliche Museen Preußischer Kulturbesitz, Museum für Völkerkunde

Im Gegensatz zu den javanischen Figuren besitzen die balinesischen weder die schlanken, gedrehten Oberkörper noch die langen Hälse oder die spitzen, fast vogelartigen Gesichter der edlen Charaktere auf Java. Die balinesischen Figuren sind kompakter, haben nicht die ausladenden Schultern und sind in Körperbau und Gesichtsform weniger stilisiert. Die Verwandtschaft javanischer und balinesischer Figuren ist

Fig. 8 Schematische Darstellung des balinesischen Pausenzeichens (Kayon)

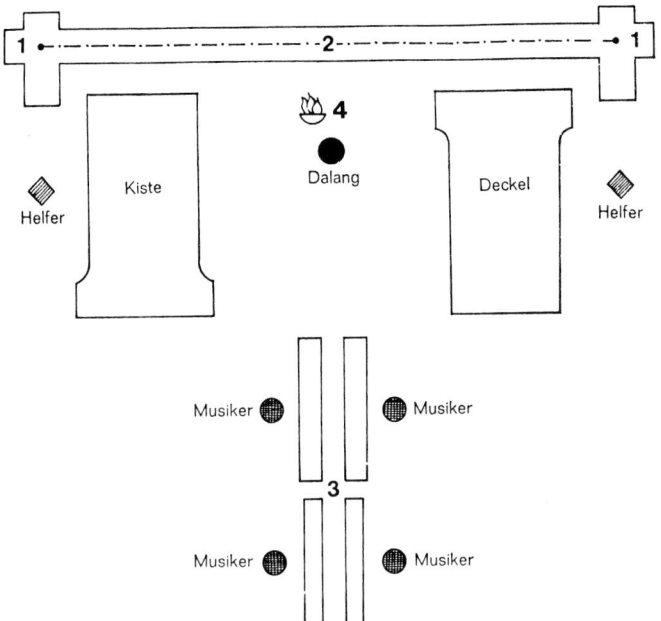

Fig. 9 Schematische Darstellung einer balinesischen Bühne (1 = Bananenstamm, 2 = Schirm, 3 = Musikinstrumente, 4 = Lichtquelle)

insgesamt doch so groß, daß sie oft nur bei genauem Hinschauen zu unterscheiden sind. Ganz anders gestaltet als auf Java ist das balinesische Pausenzeichen, *Kayon* (= Baum), das einem länglichen, oben abgerundeten Blatt gleicht. Statt des Tores mit den beiden Wächterfiguren sind auf ihm zwei ineinander verschlungene Schlangen, *nagas,* dargestellt.

Aufbewahrt werden die Figuren in einer rechteckigen Holzkiste; zuunterst liegen die unbrauchbar gewordenen Figuren, über ihnen Waffen, namenlose Krieger und Tiere, auf sie stapelt der Dalang die Figuren der bösen Partei und ganz obenauf die guten und edlen Charaktere.

Der Bühnenaufbau gleicht bis auf wenige Abweichungen dem auf Java (vgl. Fig. 6, S. 59). Die balinesische Lampe, *damar,* hat ein reich beschnitztes L-förmiges Brett als Halterung für die Tonlampe. Das lange

21 Bali: Garuda (?). Wayang-kulit-Figur. Pergament, Höhe 42 cm (ohne Stab). Ankauf 1971. Berlin (West), Staatliche Museen Preußischer Kulturbesitz, Museum für Völkerkunde

22 Bali: Rawana. Wayang-kulit-Figur. Pergament, Höhe 54 cm (ohne Stab). Ankauf 1975. Berlin (West), Staatliche Museen Preußischer Kulturbesitz, Museum für Völkerkunde

senkrechte Stück schirmt die Lampe nach hinten ab, damit der Dalang nicht geblendet wird. Die Wayang-kulit-Aufführungen beginnen auf Bali kurz nach Einbruch der Dunkelheit und dauern zwischen zwei und vier Stunden. In Südbali beginnt der Dalang sein Spiel erst zwischen 21 und 23 Uhr. Die Schattenspiele finden meist unter freiem Himmel auf einem etwas erhöhten Platz im Tempel- oder Palastbezirk statt.

In der Textgestaltung ist der balinesische Dalang freier als der javanische, doch muß auch er sich an das traditionell vorgeschriebene Handlungsgerüst halten. Die Erläuterung der Handlungssituationen, die Beschreibung der Schauplätze und die Dialoge müssen auch auf Bali in Kawi gesprochen werden; die Texte werden dann von den Spaßmachern für das Publikum verständlich ins Balinesische übersetzt. Allerdings wird diese Vorschrift seit längerer Zeit nicht mehr von allen Spielern streng eingehalten.

Auf Bali ist der Beruf des Dalang noch eng an die Familie gebunden, und nur die Söhne können darin ausgebildet werden. *Dalang* sollte eigentlich nur jemand werden, in dessen Familie es bereits Wayang-Spieler gegeben hat. Spieler ohne Familientradition gelten als besonders anfällig für Unglück und Schicksalsschläge. Wayang-Aufführungen finden auf Bali nicht nur für die Menschen statt. Will man sich zu bestimmten Anlässen der besonderen Aufmerksamkeit der Götter versichern, so wird ihnen zu Ehren eine Schattentheateraufführung *(Wayang bedog* oder *Wayang lemah)* gegeben, bei der keine menschlichen Zuschauer anwesend sind.

Lombok, die unmittelbare Nachbarinsel Balis, stand vom 15. Jahrhundert bis zur Kolonisierung durch die Niederländer 1894 unter balinesischer Herrschaft. Balinesische Siedler verbreiteten das Schattenspiel auf der Insel. Die islamische Bevölkerung ersetzte jedoch die javanisch-hinduistischen Legenden und Mythen durch islamische Spielinhalte. Die Herstellung der Figuren und die Spieltechnik wurden bis auf geringe Änderungen von den Balinesen übernommen.

Malaysia

Die nordmalaysische Provinz Kelantan ist bis heute ein Zentrum des Schattenspiels geblieben. Hier, im Grenzgebiet zwischen Südthailand und Nordmalaysia, kennt bzw. kannte man zwei Formen des Schattenspiels: *Wayang Siam* und *Wayang Java*. Das Wayang kulit (Schattenspiel mit Lederfiguren) kam in historischer Zeit von Siam und Java nach Kelantan, wie an den verschiedenen Stilelementen deutlich zu erkennen ist. Die Halbinsel Malakka und Java gehörten lange Zeit zum Königreich Sri Vijaya (7. bis 13. Jahrhundert) und weisen schon von daher Gemeinsamkeiten in der Entwicklung auf. Obwohl beide Formen im Laufe von Jahrhunderten in malaysischen Eigenschöpfungen aufgingen, sind einzelne siamesische und javanische Elemente bis heute erkennbar geblieben. Für eine unmittelbare Adaption des javanischen Wayang kulit spricht, daß die Termini technici beim javanischen und malaysischen Schattenspiel identisch sind. Heute allerdings wird das Wayang Java – im Gegensatz zum Wayang Siam – nicht mehr aufgeführt. Da es die höfische Form der Unterhaltung war, ist es gleichzeitig mit dem Untergang des Adels in Vergessenheit geraten.

Im Wayang Siam lassen sich verschiedene Figurentypen unterscheiden: edle Prinzen und Halbgötter, Frauen, Dämonen, grobschlächtige Prinzen und Halbgötter mit ungeschliffenem Benehmen, Affen, Eremiten (Weise), Spaßmacher, Beamte und Offiziere der Dämonen, Bürger, Bauern, Soldaten und javanische Halbgötter. Nur die letzten drei zeigen starken javanischen Einfluß, alle anderen siamesischen.

Zur typisch siamesischen Ausprägung gehört, daß die Figuren nur einen beweglichen Arm haben; eine Ausnahme bilden die Spaßmacher, sie haben wie die javanischen Figuren zwei bewegliche Arme.

Prinzen und Halbgötter tragen spitze, manchmal gezackte Kronen, die Affen spitze Hüte. Als Grundlinie dient ihnen eine Schlange – *naga*. Der Einsiedler gleicht mit langem Kinnbart, dem gebeugten Rücken und mit Wanderstab ausgerüstet der entsprechenden Figur des thailändischen *Nang-talung*.

Typisch javanische Kennzeichen sind: Die meisten Figuren zeigen die Gesichter im Profil und die Körper frontal; Prinzen und Halbgötter besitzen kleine Münder und Nasen; Stirn und Nase bilden im Profil eine leicht gekrümmte, konkave Linie, die Augen sind schmal und hoch angesetzt; aggressive Charaktere haben runde Augen.

An anderen Figuren sind sowohl siamesische als auch javanische Züge zu erkennen, zum Beispiel tragen Prinzen und Halbgötter den typischen Kronenkopfputz, zeigen aber in Gesichtsschnitt und Schulterhaltung javanische Prägung.

Die javanischen Formelemente der Figuren beruhen nicht nur auf alter Überlieferung. Vor dem Zweiten Weltkrieg vertrieb die Thomas Bear Co. Ltd. in Kelantan Zigaretten, denen Bildchen mit javanischen Schattenspielfiguren beilagen. Diese Bilder dienten häufig als Vorlagen bei der Herstellung neuer Figuren. Heutige Figuren zeigen Prinzen und Prinzessinnen in europäischer Kleidung und mit Kopfbedeckungen, die den Kronen europäischer Fürsten ähneln, oder in traditioneller Kleidung, aber mit modischen Frisuren.

Die Identifizierung der Figuren und ihrer Rollen ist nicht immer eindeutig möglich. Für jedermann unzweifelhaft zu erkennen sind nur wenige allgemein bekannte Helden und Götter. Jeder Dalang kennt seine eigenen Figuren und ihre Rollen in seinem Spielrepertoire, doch dürfte es ihm bereits schwerfallen, alle Figuren eines Kollegen zu identifizieren. Unter den annähernd 300 verschiedenen Figuren, die fast jeder Dalang besitzt, gibt es ungefähr 30 allgemein bekannte Typen. Leicht zu erkennen sind vor allem die Figuren, die physische Abnormitäten oder anatomische Mischformen zeigen, wie zum Beispiel die Figur des *Hanuman Ikan*, eines Affen mit Fischschwanz.

Neben den Figuren gibt es noch eine Reihe von Versatzstücken, die meist der Charakterisierung des Ortes dienen, an dem eine Szene gerade spielt. Hauptsächlich sind es Gebäude und Architekturteile, zum Beispiel ein Palast, eine Audienzhalle oder Bäume. Eine besondere Bedeutung kommt dem *pohon beringin* (Waringinbaum) zu, der zeichenhaft Gebirge, Wald oder Höhle darstellt. Der pohon beringin hat auch noch eine gewisse rituelle Bedeutung, die jedoch gegenüber der seines javanischen Vorbilds, des Gunungan, stark abgeschwächt ist. Zu jeder Schattenspielausrüstung gehören weiter Pfeile und Bogen, Schwerter, Dolche, Bagageteile, Hausgerät, Schmuck und viele andere Requisiten.

Herstellung der Figuren

Die meisten Dalang schneiden ihre Figuren selbst oder lassen sie nach genauen Angaben von einem Handwerker anfertigen. Die Größe der Figuren schwankt zwischen 35 und 85 cm. Das traditionelle Material ist ungegerbte Rinderhaut, für kleinere Figuren Ziegenhaut, das wesentlich dünner ist; seltener verarbeitet man auch Wasserbüffelhaut, die aber ihrer Dicke wegen weniger geschätzt wird. Heute scheut man sich nicht, auch unkonventionelle, moderne Materialien, sofern sie geeignet erscheinen, zweckentfremdend zu benutzen. So schneidet man Figuren aus festem Kunststoff, wie er als Verpackungsmaterial anfällt, oder aus Röntgenaufnahmen.

Die an der Sonne getrocknete Haut wird so lange bearbeitet, bis sie lichtdurchlässig geworden ist. Es gibt keine festen Regeln, wie die Figur auf der Haut markiert wird; entweder legt man eine alte Figur darauf und zeichnet die Linien nach, oder man klebt eine Papiervorlage auf das Pergament, die nach dem Ausschneiden wieder abgeschabt wird; sehr geschickte Figurenschneider zeichnen die Figur aus freier Hand. Die Werkzeuge zum Ausschneiden sind Messer, Stichel und Meißel. Zuerst schneidet man die Umrisse der Figur aus, dann die Binnenzeichnung. Die Figuren der Götter und Helden werden sehr sorgfältig gearbeitet. Je niedriger der soziale Rang einer Figur, um so geringer die Sorgfalt bei der Fertigung. Die Grundstrukturen der Hauptcharaktere sind traditionell festgelegt und erlauben keine Abweichungen, die dekorativen Elemente der Kleidung und des Schmuckes jedoch kann der Hersteller frei gestalten.

Nach dem Ausstanzen der Muster wird der Haltestab an der Figur befestigt. Gewöhnlich nimmt man einen Bambusstab, selten Rinderhorn, spaltet ihn in der Länge der Figur und klemmt diese in den Spalt

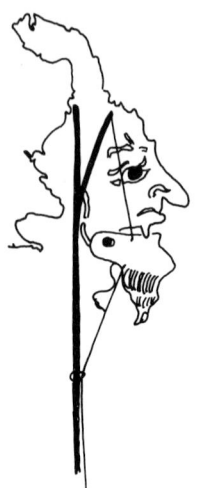

Fig. 10 Zugmechanismus für beweglichen Unterkiefer (Eremit)

ein. Der Stab ragt mindestens handbreit über den unteren Rand der Figur hinaus; am Ende wird er angespitzt, damit man ihn während des Spiels in einen Bananenstamm stecken kann, der parallel zum Spielschirm läuft. Die Arme sind am Schulter- und Ellenbogengelenk beweglich und werden mit dünnen Holzstäben geführt. Die Spaßmacher und Eremiten haben häufig noch einen beweglichen Unterkiefer. Der Mund öffnet sich, sobald der Spieler an einer Schnur zieht, und schließt sich wieder durch das Zurückschnellen einer vom Haltestab abgespaltenen Feder.

Zum Schluß werden die Figuren bemalt. Ungefähr bis zum Ende des 19. Jahrhunderts benutzte man Pflanzenfarben, dann fabrikmäßig hergestellte Kunst- oder Emaillefarben. Details werden selten ausgemalt, man bevorzugt den großflächigen Farbauftrag. Meist leidet die Lichtdurchlässigkeit der Figuren unter dem opaken Farbauftrag. Auf dem Bildschirm erscheinen sie dann nur als Schattenbilder oder in verwaschenen, undifferenzierten Farben. Heute verlangt der Publikumsgeschmack Figuren mit hellen, leuchtenden Farben. Die Spieler stellen sich darauf ein, indem sie die Tierhaut mit scharfen Bleichmitteln aufhellen und transparenter machen und zur Bemalung leuchtende, lichtdurchlässige Patentfarben verwenden.

Die farbige Gestaltung ist nur bei den Figuren der Götter und Helden festgelegt. Gesicht und Körper des Helden *Seri Rama* sind grün, bei seinem Bruder *Laksamana* rot. *Siti Dewi*, Seri Ramas Frau, wird gelb und sein Sohn *Hanuman* gewöhnlich weiß angemalt, der Spaßmacher *Pak Dogol* schwarz. Die anderen Figuren werden nach den Vorstellungen und dem Farbempfinden des Dalang bemalt, wobei Rot und Grün dominieren. Außer bei den genannten Figuren besitzen die Farben keinen Symbolwert, der Charaktereigenschaften oder den sozialen Stand bezeichnet, wie es die Farben bei javanischen Figuren tun.

Bühne und Spieltechnik

Das *Wayang Siam* wird unter freiem Himmel aufgeführt. Als Bühnenraum errichtet man auf Pfählen eine kleine, provisorische Hütte *(panggon)*, die auf drei Seiten durch geflochtene Matten geschlossen wird. Auf der Zuschauerseite wird der ca. 4 m breite und ca. 2 m hohe Spielschirm *(kelir)* aus feiner Baumwolle gespannt. Der Schirm wird nicht senkrecht, sondern leicht nach vorn zum Publikum hin geneigt montiert. Auf die Kanten werden dichte, farbige Stoffbahnen aufgenäht. Die Lichtquelle, eine Petroleum- oder Petromaxlampe *(pelita)*, in neuerer Zeit eine Glühlampe, hängt ungefähr in Kopfhöhe des Dalang, 20 cm vom Spielschirm entfernt. Während der Vorstellung versetzt der Dalang die Lampe in leichte Pendelbewegung, um die Schattenbilder lebendiger erscheinen zu lassen. Der Dalang sitzt auf Armlänge hinter dem Schirm und bewegt die Figuren zwischen diesem und der Lichtquelle. Entlang der Unterkante des Spielschirms liegen zwei Bananenstämme, in die die spitzen Enden der Stützstäbe gesteckt werden, wenn die Figuren während längerer Textpassagen unbeweglich auf der Spielfläche verharren. Der Dalang bewegt die Figuren während des Spiels leicht schräg zum Bildschirm, so daß sie mit der Oberkante der Köpfe den Schirm berühren. Dadurch variieren in der Projektion Schärfe und Dimension der Körperpartien, und der Eindruck vom Eigenleben der Figuren verstärkt sich.

Vor Spielbeginn ordnet der Dalang seine Figuren und steckt sie in der Reihenfolge ihres Auftritts in die Bananenstämme. Dabei werden die Götter und Helden – also die Guten – rechts vom Spieler aufgestellt, die Dämonen und Bösewichte links. Neben seinem rechten Fuß steht die Holzkiste *(kotak)*, in der er die Figuren aufbewahrt. An dieser Kiste ist ein Schlagholz befestigt, das der Dalang mit seinem Fuß betätigt. Damit rhythmisiert er seine Rezitationen und gibt dem Orchester die Einsätze.

Neun bis zwölf Musiker bilden das Orchester; sie sitzen im Hintergrund des Bühnenraumes.

Manchmal stellt der Dalang Spieler und Zuschauer unter den Schutz einer Figur mit besonderen magischen Kräften, die er an einer Wand der Bühnenhütte befestigt.

Jede Vorstellung bedeutet für den Dalang mehr als nur der Vortrag eines auswendig gelernten Textes. Er führt die Figuren, kennt jeden Charakterzug und identifiziert sich mit ihnen. Gute Spieler werden vom eigenen Spiel so mitgerissen, daß sie in Wut geraten oder weinen. So wird, bei Wahrung des allgemeinen Handlungsablaufes und der Grundcharaktere, jede Aufführung zu einer Verlebendigung der tradierten Geschichte, in die der Dalang seine Vorstellungen einbringen kann und so auch den Wünschen seiner Zuschauer entgegenkommt.

Jede Wayang-Siam-Aufführung besteht aus zwei Teilen: dem Prolog und dem Hauptstück. Den Prolog spielt einer der Musiker, der in der Ausbildung zum Dalang steht. Dieses Vorspiel beginnt gegen 20.30 Uhr und dauert etwa 40 Minuten. Es hat keinen direkten inhaltlichen Bezug zum Hauptspiel. Der Prolog beginnt mit dem Auftritt eines weisen Eremiten, der in einem verballhornten Thai Gebete spricht, und einem Zweikampf zwischen zwei mit Pfeil und Bogen bewaffneten Halbgöttern. Im nächsten Abschnitt treten dann Figuren aus dem Hauptstück auf: König Seri Rama empfängt sein Affenheer; die Krieger paradieren vor ihm, schwören ihm Treue und unterrichten den König über den inneren Zustand seines Reiches.

Nach dem Prolog wechseln die Spieler die Plätze, und der Dalang beginnt mit dem Hauptstück des Abends. Aufgeführt werden meist Episoden aus dem Ramayana, dessen vollständige Darstellung zwei Monate dauern würde. Die Abfolge der Episoden für die Aufführung ist nicht vorgeschrieben, da jede Geschichte zwar für sich abgeschlossen, aber dennoch Bestandteil des Gesamtepos ist. An welcher Stelle der Dalang mit seiner Vorstellung einsetzt, legt entweder der Veranstalter oder aber er selbst fest. Nur die wenigsten Geschichten lassen sich von

Anfang bis Ende in einer Vorführung darstellen, schon relativ kurze Episoden erstrecken sich über drei Abende. Der Dalang beschließt jede Aufführung mit einer spannenden Szene, deren Lösung die Vorstellung am folgenden Abend einleitet. So soll das Publikum dazu gebracht werden, wiederzukommen. Ist die Geschichte mit der letzten gespielten Szene nicht abgeschlossen, faßt der Dalang das Ende kurz zusammen, um das Publikum nicht zu enttäuschen; doch wird er am folgenden Abend dort wieder einsetzen, wo er zu spielen aufgehört hat.

Während der Aufführung spricht der Dalang mit normaler Stimme die epischen Passagen und Erläuterungen zum Stück; die Monologe und Dialoge der Figuren spricht er nach festen Regeln mit verschiedenen Stimmen. Dabei sind die unterschiedlichen Stimmlagen nicht individueller Ausdruck der einzelnen Figur; vielmehr kennzeichnen sie bestimmte Charaktere: Alle Prinzen, Halbgötter und vornehmen Frauen haben eine näselnde, hohe Stimme; Dämonen und Affen sprechen laut und tief; den Eremiten verleiht der Dalang eine Altmännerstimme; die aus dem javanischen Schattenspiel übernommenen Halbgötter sprechen mit einem Akzent, den der Dalang für javanisch hält. Die Zuschauer erkennen an der Stimmlage sofort, welche Charaktere die Bühne betreten, die einzelne Figur kann aber erst aus dem Zusammenhang erschlossen werden. Ausnahmen sind die beiden Spaßmacher Pak Dogol und Wak Long, denen individuelle Stimmen verliehen werden, und die Figuren des einfacheren Volkes, für die es keine Stimm- und Sprachvorschriften gibt.

Die Dalang sprechen alle den Dialekt der Provinz Kelantan, das Kelantan-Patani. Für die Vorstellung bedienen sie sich einer Bühnensprache, die sich von der Umgangssprache unterscheidet und das Außergewöhnliche der Darbietung unterstreicht. Auch ist es für den Dalang und seine Zuschauer selbstverständlich, daß Götter und Helden nicht in der Sprache des einfachen Volkes reden. Da der Dalang selten das klassische literarische Malaysisch beherrscht, noch seine Zuschauer imstande wären, es zu verstehen, wählt er eine Mischform aus klassischem Malay und Umgangssprache, die dem Auditorium noch verständlich ist, die höheren Wesen aber sprachlich aus der Alltagssphäre heraushebt. Nur die Spaßmacher, die eine Mittlerrolle zwischen den Göttern und dem Publikum einnehmen, sprechen die Umgangssprache.

Sprache und Handlung sind in den Wayang-Siam-Aufführungen eigenwertige Ausdrucksmittel, die jeweils für sich eingesetzt werden. Während der Monologe und Dialoge stehen die Figuren fast bewegungslos vor dem Schirm, nur die Arme werden gestenhaft bewegt; die Spaßmacher und Eremiten mit ihren beweglichen Unterkiefern öffnen und schließen den Mund, um Sprechen anzudeuten. Einzig die Spaßmacher sind während der Textpassagen nicht passiv. Vielmehr begleiten sie ihre Reden mit wilden Luftsprüngen und akrobatischen Kunststückchen zur Belustigung der Zuschauer.

Während der Sprechszenen schweigt das Orchester; nur die rhythmischen Schläge an die Holzkiste skandieren den Text.

Sind die Figuren in Bewegung und Aktion – in Aufmärschen, Kämpfen usw. –, sprechen sie nicht, sondern stoßen nur Schreie oder Rufe aus, die der akustischen Untermalung des Geschehens dienen.

Das Orchester, mit Oboe, mehreren Trommeln und Gongs besetzt, begleitet die Auftritte der verschiedenen Charaktertypen mit bestimmten Melodien. Es gibt etwa 35 verschiedene Melodien, die bestimmte Charaktere und Spielentwicklungen kennzeichnen.

Vor den Vorstellungen hören sich die Dalang um, welche Episoden von den Zuschauern favorisiert werden. In neuerer Zeit wird immer wieder beobachtet, daß die Wünsche der Befragten weitgehend von ihrem Alter abhängen: Ältere Zuschauer möchten schöne Geschichten sehen, die Heranwachsenden Liebesgeschichten, und die Kinder mögen am liebsten Kampfszenen und die Auftritte der Spaßmacher. Da jeder Dalang den Wünschen des zahlenden Publikums entgegenkommen möchte, werden den klassischen Episoden neue Geschichten im Zeitgeschmack hinzugedichtet, die sich von den alten tradierten Inhalten immer weiter entfernen. Viele Wayang-Siam-Aufführungen stehen heute zwischen Musical und Actionfilm. Die Landbevölkerung gibt noch immer einer guten Aufführung den Vorzug vor Kino und Fernsehen.

Die Spielsaison für das Schattenspiel beginnt nach der Reisernte im März und endet mit dem Beginn der Regenzeit im Oktober. Ursprünglich waren Hochzeiten, Beschneidungsfeiern oder Dorffeste Anlaß, einen Dalang mit seiner Truppe einzuladen. Heute werden die meisten Vorstellungen gewerbsmäßig organisiert. Jemand grenzt auf seinem Privatgelände ein bestimmtes Areal ab, errichtet eine pangjang und engagiert einen Dalang mit seiner Truppe für eine bestimmte Anzahl von Aufführungen oder aber über eine längere Zeit, so lange wie man glaubt, daß Besucher zu den Vorstellungen kommen werden. Für die Spielzeit erhält der Dalang ein Fixum, von dem er seine Begleiter bezahlt. Die Einnahmen behält der Veranstalter, muß sie jedoch versteuern. Natürlich kann ein Dalang auch auf eigenem oder angemietetem Land Aufführungen durchführen; doch gibt er damit zu erkennen, daß es ihm an Engagements mangelt. Können und Renommee werden nicht sehr hoch eingeschätzt, entsprechend gering sind die Einnahmen. Nur sehr wenige Dalang können von ihren Einnahmen als Schattenspieler leben. Wie die Mitglieder ihrer Truppen üben auch sie einen zweiten Beruf aus: Entweder sie bestellen ihr Reisfeld, oder sie praktizieren im magisch-religiösen Bereich als Medizinmänner und Priester. Trotz moderner Geschäftspraktiken und eines relativen Unterhaltungswertes besitzt das Wayang-Siam noch immer auch magisch-kultische Bedeutung. Die Gemeinschaft braucht den Dalang und sein Spiel zur Unterhaltung, aber auch, um mit den sie umgebenden höheren Wesen in Verbindung zu treten und sie durch seine Vermittlung freundlich und geneigt zu stimmen. Unter den vielen Vorstellungen, die ein Dalang im Laufe eines Jahres gibt, sind auch heute noch einige, die ausschließlich magischen Zwecken dienen. Aber auch alle anderen Aufführungen enthalten religiöse Momente: Ein Dalang wird nie eine Vorstellung beginnen, ohne vorher Opfer und Gebete an mehrere höhere Wesen verrichtet zu haben, um Harmonie zwischen dieser und der göttlichen Welt herzustellen. Beim Fest der Geister *(Berjamu)* tritt das Priester- und Mittleramt des Dalang ganz in den Vordergrund: Er opfert den Seelen der Toten Lebensmittel, um sie zu versöhnen, und versetzt sich in Trance, um jemanden aus einem Gelübde auszulösen oder den Genius loci zur Abwehr von Krankheiten und Unheil von der Gemeinschaft zu bewegen.

Die meisten Dalang erlernen ihren Beruf in der Lehre bei einem erfahrenen älteren Dalang. Selten gibt der Dalang seine Kenntnisse an einen Sohn weiter. Die Tradition des Berufes innerhalb von Familien ist ungewöhnlich. Der Lehrling tritt häufig als Musiker in die Truppe eines Dalang ein und lernt zunächst nur durch die Beobachtung, bevor er die ersten praktischen Unterweisungen erhält. Er ist auch nicht seine ganze Lehrzeit an einen Dalang gebunden, sondern kann wechseln.

Das Fehlen fester Ausbildungsregeln entspricht der relativ freien Auffassung vom Spiel. Es gibt keine sanktionierten Traditionen und unumstößlichen Anleitungen zum Spiel, die über Generationen vererbt würden. Vielmehr kann jeder Dalang Erlerntes, Adaptiertes, Erfahrungen und Phantasie in die bekannten Geschichten und die Spielweise einbringen. Gerade weil das Wayang-Siam in Malaysia kein starres traditionalistisches Gefüge darstellt, sondern der inhaltlichen und formalen Innovation offensteht, scheint hier für eine Schattenspielgattung eine echte Überlebenschance zu bestehen.

Thailand (Farbt. 28)

In Thailand (Siam) werden bis heute zwei verschiedene Arten des Schattentheaters aufgeführt: die Vorstellung mit den großen Schattenbildern – *Nang-yai* oder *Nang-luong* – und das Spiel mit den kleineren Einzelfiguren – *Nang-talung*. Nang-yai zählt zu den ältesten Theaterformen der Thai. Gesicherte Quellen liegen seit dem 15. Jahrhundert vor. In den von König Boromatrailokanat von Ayudhaya 1458 erlassenen Palastgesetzen wird das Schattenspiel erstmalig genannt als wesentlicher Bestandteil festlicher Veranstaltungen und Staatsakte, zum Beispiel der Segnung von Soldaten und Waffen oder Stadtgründungen. Berichte und Rezitationstexte aus verschiedenen Epochen belegen, daß in Thailand die Tradition des Nang-yai vom 15. Jahrhundert bis heute ungebrochen ist. König Rama V. (1868 bis 1910) verbot alle Vergnügungen bei den Verbrennungsfeierlichkeiten der Toten. Das Verdikt schloß auch die Aufführungen von Schattenspielen ein, die einen wesentlichen Bestandteil der Bestattungsfeierlichkeiten bildeten. Trotzdem wurde das Spiel mit den Nang-yai-Bildern bis 1932 von der königlichen Theatertruppe am Hofe weiter gepflegt; heute setzt das Nationaltheater diese Tradition fort.

Das Nang-talung ist wesentlich jünger als das Nang-yai; es wurde erst gegen Mitte des 19. Jahrhunderts in Thailand bekannt. Sein Ursprung ist noch nicht eindeutig geklärt, wahrscheinlich geht es auf javanische Einflüsse zurück. In der Aufführungsform und den verwendeten Figuren unterscheiden sich Nang-yai und Nang-talung, der dargebotene Inhalt ist gleich. Wie lebendig das Schattentheater in Thailand heute noch ist, mag man daran erkennen, daß in den südlichen Provinzen noch 200 Schattenspieltruppen arbeiten.

23 Thailand: Puah Pon (Chinese?) (Unterkiefer beweglich). Nang-talung. Pergament, Höhe 53 cm (ohne Stab). Um 1884. Berlin (West), Staatliche Museen Preußischer Kulturbesitz, Museum für Völkerkunde

24 Thailand: Puah Pon (Unterkiefer beweglich). Nang-talung. Pergament, Höhe 42,5 cm (ohne Stab). Um 1884. Berlin (West), Staatliche Museen Preußischer Kulturbesitz, Museum für Völkerkunde

Die Schattenbilder des Nang-yai können bis zu 2 m in Höhe und Breite messen. Das Mittelmaß liegt bei 1 bis 1,50 m. Die Bilder zeigen entweder mehrere Figuren in einem szenischen Handlungszusammenhang oder aber Einzelfiguren in einer aufwendig gestalteten figurativen oder ornamentalen Rahmung. Diese Bilder sind in sich unbeweglich. Hergestellt werden sie aus Rinder- oder Büffelleder. Das präparierte Leder schwärzt man mit einem Ruß- oder Aschebrei, der der besseren Haftfähigkeit wegen mit Reiswasser angerührt wird. Nach dem Trocknen wird die Haut mit Gurkenstückchen poliert.

Auf das geschwärzte und polierte Leder zeichnet der Hersteller die Konturen des benötigten Bildes und schneidet die Umrisse mit Austernschalen oder einem scharfen Messer aus. Mit Meißeln und Stanzeisen werden die Perforationen der Binnenzeichnung von Figur, Kleidung, Schmuck und figurativem und ornamentalem Beiwerk herausgeschlagen.

Die meisten Nang-yai-Figuren beläßt man einfarbig schwarz. Nur gelegentlich werden Farben aufgetragen. Die entsprechenden Stellen werden von der Rußschicht gereinigt und eingefärbt. Verwendet werden die Farben Rot, Rotbraun, Blau, Gelb und Grün. Rot gewinnt man aus der Rinde des Fang-Baumes, Grün aus gelöstem Kupfersulfat, und Gelb wird durch das Aufstreichen von Zitronensaft erzeugt.

Da bei der Bearbeitung des Leders keine Transparenz angestrebt wurde, besitzen die Bilder nie die durchscheinende Leuchtkraft zum Beispiel der chinesischen oder türkischen Schattenspielfiguren.

Aus dem Glauben an eine magische Bedeutung einzelner Figuren leiten sich bestimmte Regeln für die Anfertigung her: Für Götter-, Helden- und Einsiedlerfiguren durften keine gewöhnlichen Tierhäute verwendet werden. Den Göttern Phra Isuon und Phra Narai war die Haut einer Färse, einer beim Kalben gestorbenen oder vom Blitz getroffenen Kuh vorbehalten. Die Figur des Einsiedlers (Rishi) durfte nur aus Bären- oder Tigerhaut geschnitten werden. Auch die Herstellung selbst galt als besonderer Akt: Der Künstler, ganz in Weiß gekleidet, mußte die Arbeit an einer Figur an einem einzigen Tag vollenden.

Zur Aufführung steckt man die großen Lederbilder in zwei, jeweils bis zur Hälfte gespaltene Bambusstangen und bindet sie an mehreren Stellen fest. Die ungespaltenen Abschnitte der Bambusstäbe ragen etwa 30 cm über den unteren Rand hinaus und dienen als Haltegriffe.

25 Thailand: Königinnen. Nang-yai. Pergament, Höhe 160 cm. Um 1880. Berlin (West), Staatliche Museen Preußischer Kulturbesitz, Museum für Völkerkunde

Die in den Nang-yai-Vorführungen verwendeten Bilder – sowohl Einzelfiguren wie Figurengruppen – gliedern sich nach sechs verschiedenen Typen:
1. *Nang-fao* oder *Nang-wai* = Einzelfigur im Dreiviertelprofil, bewaffneter Soldat oder Betender mit erhobenen Händen, meist Begleiter eines Königs oder Gottes.
2. *Nang-doen* = Einzelfigur, laufend, im Dreiviertelprofil.
3. *Nang-naga* = Einzelfigur, fliegend, im Dreiviertelprofil.

26 Thailand: Thotsakan entführt Nang Sita. Nang-yai. Pergament, Höhe 151 cm. Um 1180. Berlin (West), Staatliche Museen Preußischer Kulturbesitz, Museum für Völkerkunde

4. *Nang-nüang* = Figurengruppe im Gespräch, in Liebesszenen oder Einzelfigur in architektonischer oder floraler Umgebung.
5. *Nang-chap* = Kampfgruppe von mindestens zwei Figuren.
6. *Nang-bet-ta-let* = mehrfigurige Gruppe, Truppenaufmarsch, Flucht und Verfolgung.

Dargestellt werden Menschen, Dämonen und Tiere. Kennzeichen der Dämonen sind die über die Lippen ragenden Reißzähne. Die Einzelfiguren in ihrem mehr oder weniger dichten Rahmenwerk stehen

28 Thailand: Ochse (Duei). Nang-talung. Pergament, 36 × 43 cm. Um 1884. Berlin (West), Staatliche Museen Preußischer Kulturbesitz, Museum für Völkerkunde

auf einer verzierten Standfläche oder schweben frei in der Luft. Die szenischen Darstellungen sind in einem breiten, kreisförmigen Rahmen zusammengefaßt. Sie zeigen Personen in vollkommener Ruhe, voller Würde und Standesbewußtsein, in harmonisch gestalteter Landschaft oder aber heftig agierende Kämpfer, in deren wilder Bewegtheit und Verschlingungen der Körper die Dramatik der Handlung kulminiert. Landschaften, Häuser, Paläste, Kampfwagen, Kriegselefanten und Waffen werden sorgsam und mit großer Freude am Detail wiedergegeben, Gestik, Mimik und die Bewegungen der Figuren mit Grazie und Eleganz.

◁ 27 Thailand: Affenfürst. Nang-yai. Pergament, Höhe 162 cm. Um 1880. Berlin (West), Staatliche Museen Preußischer Kulturbesitz, Museum für Völkerkunde

29 Thailand: Nang Sita auf dem Wagen und Trichada (?) als Dienerin. Nang-yai. Pergament, Höhe 165 cm. Um 1880. Berlin (West), Staatliche Museen Preußischer Kulturbesitz, Museum für Völkerkunde

Die Figuren des Nang-talung

Nang-talung wird mit Einzelfiguren ohne figuratives oder ornamentales Beiwerk gespielt. Im Gegensatz zu den Nang-yai-Bildern besitzen die Nang-talung-Figuren bewegliche Teile: Arme, Beine und bei einigen Ober- und Unterkiefer. Bei den Frauenfiguren sind die Gesichter oft helle Flächen, in denen nur die Konturen von Augen, Nase und Mund als dunkle Stege stehenbleiben.

30 Thailand: Phra Ram (Gatte von Sita) mit Pfeil und Bogen bewaffnet. Nang-yai. Pergament, Höhe 125 cm. Um 1880. Berlin (West), Staatliche Museen Preußischer Kulturbesitz, Museum für Völkerkunde

Die gewöhnlichen Figuren des Nang-talung werden aus Kalbshaut geschnitten. Im Typus gleichen sie denen des Nang-yai, sie sind mit 30 bis 50 cm Höhe jedoch wesentlich kleiner als diese. Die gewässerte Tierhaut schabt man mit der rauhen Seite einer Kokosnußschale sau-

32 Thailand: Wagen. Nang-talung. Pergament, Höhe 105 cm. Um 1884. Berlin (West), Staatliche Museen Preußischer Kulturbesitz, Museum für Völkerkunde

ber. Danach wird sie wieder gewässert, gedehnt und getrocknet. Der weitere Arbeitsgang ist wie bei den Nang-yai-Bildern. Braucht man gleichzeitig mehrere Figuren gleichen Typs, so legt man einfach ein paar Pergamentstücke übereinander und schlägt die Muster mit einem Schlag durch alle Häute durch. Auch hier werden die als heilig angesehenen Figuren aus besonderem Pergament angefertigt. Es wird sogar von der Verwendung von Menschenhaut berichtet. Für ganze Figuren oder wichtige Teile, zum Beispiel die Mundpartie, sollte die Haut vom verstorbenen Lehrer des Schattenspielers oder seinen Eltern genommen werden, gewöhnlich von den Fußsohlen. Eine besonders urtümliche Kraft und erdverbundener Witz entwuchsen dem Spaßmacher aus seinem beweglichen Unterkiefer, hergestellt aus dem Penis eines Verstorbenen. Heute zeichnen sich heilige Figuren durch die reiche Verwendung von Blattgold aus, während sonst, besonders für die Tageslichtfiguren, weitgehend chemische Importfarben zur Anwendung kommen.

Zum Grundstock einer jeden Aufführung gehören folgende Figuren und Requisiten:

Shiva, Eremit.

Edelmann mit einer Lotosblüte in der Hand, häufig die Hauptperson des Stückes.

◁ 31 Thailand: Thephanom, weinender Engel (?). Nang-yai. Pergament, Höhe 123 cm. Um 1880. Berlin (West), Staatliche Museen Preußischer Kulturbesitz, Museum für Völkerkunde

34 Thailand: Tomm Mei (Baum). Nang-talung. Pergament, Höhe 78 cm. Erworben 1884. Berlin (West), Staatliche Museen Preußischer Kulturbesitz, Museum für Völkerkunde

Clowns mit spezifischen Merkmalen ihres Herkunftsortes und oft mit großem Phallus versehen; sie sind die Vertrauten der Helden, sind Rezitatoren oder Kommentatoren des Geschehens; zu Beginn der Vorstellung unterrichten sie die Zuschauer über das Programm des Abends.

König, Königin, gekleidet entweder in traditioneller Kleidung oder europäisch-sportlicher Kleidung.

◁ 33 Thailand: Nang Sita. Nang-talung. Pergament, Höhe 58 cm. Um 1969. Berlin (West), Staatliche Museen Preußischer Kulturbesitz, Museum für Völkerkunde

Männer, Frauen; Rang und Status an der traditionellen Kleidung, insbesondere am Kopfputz zu erkennen; auch in europäischer Kleidung.
Dämonen und ihre Verbündeten in traditioneller Kleidung.
Räuber und Banditen in traditioneller Kleidung.
Kulissen, Versatzstücke, Bäume, Architekturteile, Schiffe, Flugzeuge.

Gehalten werden die Figuren mit einem Stützstab, der über den unteren Rand der Figur herausragt und am unteren Ende zugespitzt ist. Die beweglichen Glieder haben separate Führungsstäbe.

Bühne und Spielablauf beim Nang-yai

Nang-yai-Aufführungen wurden von der Spielertruppe am Königshof dargeboten, aber auch von vagierenden Gruppen, die von Dorf zu Dorf zogen. Bei Dorf- oder Familienfesten engagierte der Veranstalter oder Gastgeber die Truppe und sorgte für einen geeigneten freien Platz. Die Aufführungen des Nang-yai fanden immer unter freiem Himmel nach Einbruch der Dunkelheit statt. Die Spieler stellten eine 3 bis 6 m hohe und 15 bis 20 m lange transparente Leinwand auf, die an beiden Enden rechts und links von einem ca. 4 m breiten, lichtundurchlässigen Streifen überdeckt war. An den Kanten war die Leinwand mit schmalen einfarbigen Stoffbahnen eingesäumt. Zum Spannen befestigte man den Spielschirm oben und unten an vier Bambuspfosten, deren obere Enden mit farbigen Fähnchen, Blütenzweigen und Pfauenfedern geschmückt wurden. Zwischen der Unterkante der Leinwand und dem Erdboden blieb ein Abstand von etwa 1 m. Häufig wurde dieser Raum mit einer dunklen Stoffbahn zugehängt.

Im 19. Jahrhundert begann man, die dunklen Seitenstreifen mit Bildern zu bemalen. Von den Zuschauern aus gesehen rechts wurde Rama mit seinem Heer und links das Dämonenreich Longka dargestellt. Auf der den Zuschauern zugewandten Seite des Schirms errichtete man eine kleine hölzerne Plattform oder breitete einfache Strohmatten für die Spieler aus, die beim Nang-yai auch vor dem Spielschirm agieren. Hinter der Leinwand grenzte man einen Raum mit geflochtenen Bambusmatten ein. Gegen diese Wände wurden die zum Spiel benötigten Figuren gelehnt. Als Lichtquelle dienten ein großes offenes Feuer, Ständer mit Kokosnußschalen als Brennstoffbehälter oder Fackeln.

Vor Beginn der Vorstellung werden die großen Lederbilder, Götter, Helden, Eremiten, Frauen, Dämonen und Affen in Gruppen unterteilt und in der Reihenfolge ihrer Auftritte aufgestellt. Die Bilder *Shivas, Vishnus* und des Eremiten *Bharata* befestigt der Spielführer, *Nang-nai,* für die Zuschauer sichtbar an der Leinwand. Allen dreien werden kleine Opfergaben, Nahrungsmittel, Weihrauchstäbchen und geringe Geldsummen dargebracht. Der Veranstalter überreicht dem Spielführer drei Kerzen, von denen dieser eine an den Orchesterleiter weitergibt. Der Orchesterleiter befestigt sie am *taphon,* einer sanduhrförmigen Trommel, auf der der Rhythmus zu allen Melodien der Aufführung geschlagen wird. Die beiden anderen Kerzen sind Gaben an die Figuren der Götter. Nun bewegen zwei Träger die Bilder des Shiva und Vishnu *(Phra Imon* und *Phra Narai),* während der Nang-nai ein Gebet, die »Erweckung der Götter« spricht. Nach diesen Einleitungszeremonien treten ein oder zwei Rezitatoren auf, die die Götter noch einmal um Gelingen der Aufführung und um Segen für die Spieler anflehen und sie bitten, die Dämonen vom Spielort zu verjagen. Dann wenden sie sich an das Publikum, rühmen Geschicklichkeit und Können der Spieler und Musiker, prangern die Mittelmäßigkeit anderer Spieltruppen an und beschimpfen mögliche Kritiker als Ignoranten. Danach nennen sie die Hauptfiguren des Abends und geben bekannt, welches Stück sie spielen werden. Der »Affenfang am frühen Abend« leitet das Stück ein. Es wird gespielt, kurz bevor die völlige Dunkelheit hereinbricht. Ein schwarzer Affe (das Böse) begeht so viele Untaten, bis ein Einsiedler einen weißen Affen (das Gute) ausschickt, den schwarzen zu fangen. Dreimal muß der schwarze Affe besiegt werden, bis er endlich vor dem Eremiten Reue bekennt und wieder freigelassen werden kann. Das Spiel zeigt in Kurzform den Kampf zwischen Gut und Böse, den auch das Hauptstück zum Inhalt hat.

Eine oder mehrere Episoden aus dem *Ramakien* sind Inhalt der eigentlichen Aufführung. Die Texte werden von einem oder zwei Rezitatoren *(Khon Phuk)* vorgetragen. Epische Passagen sind genau festgelegt und werden von einem einzigen Sprecher rezitiert. Nur zu diesen Partien spielt das Orchester eine Begleitmusik. Die Dialoge werden entweder mit verstellter Stimme oder von zwei Sprechern vorgetragen. Hier sind Improvisationen gestattet; die Sprecher flechten Scherze und Anmerkungen zu Tagesereignissen ein.

Seit dem 17. Jahrhundert haben die Texte immer wieder Änderungen erfahren und wurden dem Zeitgeschmack angepaßt. Heute obliegt dem Kultusministerium die Überwachung und Reformierung der Texte.

Während der Rezitation treten Träger mit den großen Lederbildern auf, die sie als Illustration zum Text vorstellen. Sie tragen die Bilder an den Haltestäben über ihren Köpfen und versuchen durch Tanzschritte und ständige Veränderung der Stellung zu Lichtquelle und Leinwand die starren Bilder zu beleben. Die Träger agieren gewöhnlich hinter der Leinwand, kommen jedoch mit einzelnen Bildern auch vor den Spielschirm, so daß die Zuschauer entweder den Schatten oder das Bild selbst sehen. Höhepunkt und Abschluß einer jeden Vorstellung bildet gegen Mitternacht der erbitterte Zweikampf zwischen *Phra Ram* und *Thotsakan*, dem Herrscher der Dämonen. Das Spiel endet mit Thotsakans Niederlage und Tod, doch werden Todesszenen niemals drastisch dargestellt, sondern ausgespart oder nur angedeutet. Man befürchtet, die Darstellung des Todes würde Unglück über die Spieler und Zuschauer bringen.

Die Orchestermusiker begleiten das Spiel auf Flöte, Zimbel, mehreren Trommeln und Xylophon. Zur akustischen Untermalung der Kampfszenen ertönen Pauken und Gongs. Eine selten gespielte Nebenform des Nang-yai war das *Nang-ram* oder *Nang-raban*. Es wurde nur bei Tageslicht und vor unbeleuchtetem Spielschirm aufgeführt. Im Gegensatz zum Nang-yai wurden für dieses Spiel die Figuren mehrfarbig bemalt. Der Inhalt der Stücke ist bei beiden Theaterformen gleich.

Aufführungen des Nang-talung wurden sowohl mit Tageslichtfiguren als auch mit Schattenspielfiguren gespielt. Vorführungen mit Tageslichtfiguren sind heute kaum noch zu sehen; die Gunst des Publikums hat sich ganz den Schattenfiguren zugewandt.

Bühne und Spielablauf beim Nang-talung

Anlaß zu Nang-talung-Aufführungen sind wie beim Nang-yai Familienfeste, staatliche oder religiöse Feiertage. Während der buddhistischen Fastenzeit von April bis Juli finden die meisten Vorführungen statt. Für die Aufführung wird eine Hütte aus Bambus errichtet. Um

35 Thailand: Thotsakan im Lustgarten. Nang-yai. Pergament, Höhe 139 cm. Um 1880. Berlin (West), Staatliche Museen Preußischer Kulturbesitz, Museum für Völkerkunde

dem Publikum, das der Vorstellung vor der Hütte unter freiem Himmel beiwohnt, eine gute Sicht auf die Spielfläche zu gewähren, liegt der Hüttenboden etwa 1,50 bis 2 m über dem Erdboden. Die Seitenwände rechts und links neben der Leinwand werden mit geflochtenen Palmblattmatten geschlossen, die Rückwand bleibt offen. Das Dach, früher aus Palmblättern, heute eine Zeltplane oder Wellblech, senkt sich leicht nach hinten.

Die Spielhütten werden, wenn möglich, im Tempelbezirk aufgebaut; ist dies nicht möglich, sind folgende Regeln bei der Platzwahl zu beachten: Die Spielfläche darf nicht nach Westen oder auf einen Friedhof hin ausgerichtet werden; sie darf nicht auf freiem Feld stehen, nicht zwischen zwei Bäumen, nicht über einem offenen Wasser, einem Ameisenhügel oder Baumstumpf. Das alles sind Unglücksorte, die die Vorstellung mißlingen lassen und den Anwesenden Unglück bringen könnten.

Die Leinwand mißt etwa 4 bis 5 m in der Breite und 1,80 bis 2 m in der Höhe. Entlang der unteren Leinwand wird ein Bananenstamm gelegt, in den die zum Spiel benötigten Figuren mit den spitzen Enden der Haltestäbe gesteckt werden. Statt des offenen Feuers zur Ausleuchtung der Spielfläche werden heute Kerosin- oder elektrische Lampen benutzt. Erfolgreiche, gut ausgerüstete Spieltruppen haben einen eigenen Generator zur Stromerzeugung, Lautsprecher und Tonbandgeräte.

Die Aufführungen beginnen erst bei absoluter Dunkelheit gegen 21 Uhr. Kurz vor Mitternacht wird das Spiel für ungefähr eine Stunde unterbrochen, um dann bis zum Morgengrauen fortgesetzt zu werden. Vor Beginn der Vorstellung nimmt der Spieler *(Nang-nai)* seine Figuren aus der Figurenkiste und ordnet sie nach Typen und Rang. Götter, Menschen und Dämonen werden getrennt voneinander aufgestellt. Der Nang-nai hat darauf zu achten, daß Frauenfiguren nie in die Nähe von Einsiedlern kommen oder diese gar berühren, denn der Buddhismus untersagt den Mönchen jeden physischen Kontakt zum anderen Geschlecht. 150 bis 200 verschiedene Figuren besitzt ein Spieler; davon setzt er 40 bis 50 in einer Vorstellung ein.

Die meisten Theatertruppen des Nang-talung setzen sich aus dem Spieler, seinen Assistenten und einigen Musikern zusammen. Der Spieler spricht alle Rollen und führt die Figuren. Sein Helfer reicht ihm lediglich die Figuren an. Bei einigen Truppen agieren drei Spieler. Der Hauptspieler sitzt in der Mitte, die beiden anderen rechts und links an den Enden des Bananenstammes. Jeder der beiden Assistenzspieler darf während der Vorstellung nur eine bestimmte Kategorie von Figuren bewegen, entweder nur die Spaßmacher oder nur die Dämonen; alle anderen Figuren bewegt der Hauptspieler.

Aufgeführt werden Episoden aus dem *Ramakien*, andere allgemein bekannte Heldengeschichten und moderne volkstümliche Erzählun-

36 Thailand: Einsiedler (Unterkiefer beweglich). Nang-talung. Pergament, Höhe 80 cm. Ende 19. Jh. Berlin (West), Staatliche Museen Preußischer Kulturbesitz, Museum für Völkerkunde

37 Thailand: Nang Chi tat. Nang-talung. Pergament, Höhe 45 cm (ohne Stab). Um 1884. Berlin (West), Staatliche Museen Preußischer Kulturbesitz, Museum für Völkerkunde

gen. Die Regierung setzt das Nang-talung auch zur gesellschaftspolitischen Aufklärung, zum Beispiel zur Propagierung der Geburtenkontrolle ein.

Jede Vorstellung beginnt mit dem Auftritt eines Eremiten, der die Götter auf die Aufführung aufmerksam macht und um ihren Segen für Spieler und Publikum bittet; ihm folgt ein Prinz, der den Segen der Götter für den Veranstalter und die Gemeinde erfleht. Er bedankt sich beim Publikum für den Besuch und wünscht seinerseits allen Anwesenden Gesundheit und Glück. Eine dritte Figur gibt dann den Titel des Stückes bekannt. Die Texte sind nicht festgelegt, müssen jedoch eine bestimmte Linie einhalten, so daß der Grundtenor der meist allgemein bekannten Geschichte zu erkennen bleibt. In die Dialoge, die um das vorgegebene Gerüst frei ausgestaltet und improvisiert werden kön-

38 Thailand: Schan-But. Nang-talung. Pergament, Höhe 51 cm (ohne Stab). Um 1884. Berlin (West), Staatliche Museen Preußischer Kulturbesitz, Museum für Völkerkunde

39 Thailand: Hün-lah-man (Hanuman). Nang-talung. Pergament, Höhe 73 cm (ohne Stab). Um 1884. Berlin (West), Staatliche Museen Preußischer Kulturbesitz, Museum für Völkerkunde

nen, mischen sich Zoten, Allgemeinplätze, Kritik an Zuständen und Machthabern sowie religiöse und philosophische Sentenzen.

Bewegungen und Sprechweisen der Figuren entsprechen ihrer Herkunft und sozialen Stellung. Götter, Könige, Prinzen und Prinzessinnen bewegen sich elegant und gemessen; Dämonen agieren aggressiv mit heftigen, ausfahrenden Gesten. Die edlen Charaktere, aber auch die Anführer der Dämonen sprechen in der in Zentralthailand üblichen Diktion und gebrauchen die dort üblichen Sprachwendungen; typisch für komische und sozial niedrig stehende Figuren ist ein Dialekt Südthailands.

Der Spaßmacher, eine für den gesamten Spielverlauf und den Erfolg des Stückes überaus wichtige Figur, bedient sich nach Möglichkeit – das heißt wenn der Spieler dazu in der Lage ist – des am jeweiligen Ort gesprochenen Dialektes. Er hat die Funktion eines Conferenciers und Lückenbüßers. Meist tritt er als Diener auf, macht sich über die Obrigkeit lustig, spielt dem Ortsgendarmen Streiche oder erwirbt sich mit anderen »Heldentaten« die Sympathie des Publikums. Bei kleinen Pannen während der Aufführung, wenn zum Beispiel der Helfer dem Nang-nai versehentlich eine falsche Figur reicht, taucht sofort der immer in Griffnähe plazierte Spaßmacher auf und überspielt den Mißgriff mit witzigen Kommentaren.

Die traditionelle Orchesterbesetzung zum Nang-talung besteht aus einer Flöte, drei Trommeln, zwei Zimbeln und zwei Gongs. Bei einigen Theatergruppen kommt noch ein Geigenspieler hinzu. Das Orchester begleitet den Auftritt der ersten drei Figuren am Anfang der Aufführung und die Rezitation der epischen Passagen des Hauptstückes. Es skandiert und kennzeichnet typische, sich wiederholende Situationen und Handlungsabläufe, zum Beispiel einen Truppenaufmarsch oder das Eingreifen übernatürlicher Kräfte.

Den Beruf des Nang-nai erlernt man als Helfer und Assistent eines älteren Spielers. Meist ist dies der Vater, und die Spielertradition wird innerhalb der Familie weitergegeben. Rollen und Charakter der Figuren werden mündlich überliefert. Nur selten kann sich der Lehrling auf schriftliche Aufzeichnungen des Meisters stützen.

Mahabharata und Ramayana, die zentralen Themen des südostasiatischen Schattentheaters

Auf Inhaltsangaben einzelner Stücke wird verzichtet, da eine Auswahl aus den vorliegenden Übersetzungen nicht repräsentativ für die literarische Qualität oder die Verbreitung der Stücke wäre. Eine Ausnahme bilden jedoch die großen hinduistischen Epen, das *Mahabharata* und *Ramayana*. Beide Epen sind in allen Ländern Südostasiens, die lange Zeit unter dem Einfluß indisch-hinduistischer Kultur standen, kulturelles Allgemeingut der Bevölkerung und zentrales Thema des Schattentheaters.

Das Mahabharata

Das Mahabharata gilt mit 100 000 Doppelversen als das längste Versepos der Weltliteratur. Seine Entstehung wird zwischen dem 5. Jahrhundert vor und dem 5. Jahrhundert n. Chr. angesetzt. Der heilige Vyasa und der elefantenköpfige Gott Ganesha gelten als legendäre Verfasser des Mahabharata. Das Epos erzählt den Thronfolgestreit unter den Nachkommen des Königs Bharata, den Kauravas oder Kurus und den Pandavas oder Pandus. In die Haupthandlung sind Fabeln, Parabeln, Liebesgeschichten und ein philosophisches Lehrgedicht, das *Bhagavadgita* (»Gesang des Erhabenen«) eingeschoben. Der historische Kern wird in dem Eindringen indoarischer Hirtennomaden ab 1500 v. Chr. in das Gebiet zwischen Hindukusch, Pandschab und Zweistromland an Indus, Ganges und Yamuna, und in einer großen Schlacht nördlich von Delhi im 1. Jahrtausend v. Chr. gesehen. Der blinde Dhritarashtra verzichtet zugunsten seines Bruders Pandu auf die von Bharata vererbte Königswürde, obwohl er durch hundert von ihm ge-

40 Thailand: Der Zauberer Maricha (Marit) als goldener Hirsch. Nang-yai. Pergament, Höhe 150 cm. Um 1880. Berlin (West), Staatliche Museen Preußischer Kulturbesitz, Museum für Völkerkunde

zeugte Söhne, die Kauravas, die Weitergabe der Königswürde in seiner Familie gesichert hat. Pandu tritt die Thronfolge an; ihm, der impotent ist, gebären seine beiden Frauen, Kunti und Madri, fünf Söhne, die sie von Göttern empfangen haben: Der erstgeborene Sohn Yudhisthira hat Yama, den Totenrichter und Gesetzeskönig zum Vater, Bhima ist der Sohn des Windgottes Vayu, Ardjuna, der Drittgeborene, ist Sohn des Götterkönigs Indra, und die Zwillinge Sahadera und Nakula sind die Söhne der pferdeköpfigen himmlischen Zwillinge Ashvin. Nach

109

dem Tode Pandus übernimmt Dhritarashtra wieder die Regentschaft. Er behält die Söhne seines Bruders am Hofe und läßt sie mit seinen Kindern zusammen erziehen. Da sich die fünf Pandavas ihren Vettern in allem überlegen erweisen, überträgt der alternde König Yudhisthira, dem Ältesten, die Königswürde; hierdurch kommt der unterschwellige Haß der Kauravas gegen ihre Vettern offen zum Ausbruch. Dem ältesten Sohn Dhritarashtras gelingt es, die Pandavas zu vertreiben und selbst den Thron zu besteigen. In ihrem Versteck erfahren die fünf, daß Draupadi, die Tochter des Königs Panchal, heiraten will. Ardjuna kann als bester Bogenschütze Draupadi für sich gewinnen; einem Gelöbnis der Brüder zufolge, alles miteinander zu teilen, wird Draupadi Gattin der fünf Pandavas. Um den Streit zwischen den beiden verfeindeten Familien zu beenden, teilt Dhritarashtra das Reich zwischen seinen Söhnen und den fünf Pandavas. Durch Falschspiel beim Würfeln gewinnen die Kauravas den Pandavas das Reich und Draupadi ab. Die fünf Brüder müssen fliehen und in der Verbannung leben. Nach zwölf Jahren kommt es erneut zum Kampf zwischen den beiden Fürstengeschlechtern. In einer achtzehntägigen Schlacht gelingt es Ardjuna und seinen Brüdern mit Krishna als Verbündetem, die Kauravas endgültig zu besiegen. Es bedrückt die Sieger, daß sie alle ihre Verwandten erschlagen haben. Die Pandavas und Draupadi begeben sich, begleitet von einem Hund, auf eine Pilgerreise, um für ihre Sünden zu sühnen. Alle, außer dem Erstgeborenen Yudhisthira und dem Hund, sterben an den Strapazen der Reise. Befreit von seinen Sünden, erreicht der letzte Pandava das Himmelstor und wird von Indra, dem Himmelskönig, mit seinem treuen Begleiter eingelassen.

Das Ramayana

Das Ramayana, die Geschichte Ramas, ist nach dem Mahabharata mit 24 000 Doppelversen das zweitgrößte indische Epos. Es ist das älteste in Sanskrit geschriebene Kunstgedicht. Als Autor des zwischen dem 4. Jahrhundert vor und dem 2. Jahrhundert n. Chr. entstandenen Epos wird der heilige Vahniki oder Valmi angenommen. Gegenüber dem Mahabharata sind die Helden des Ramayana ihrer Göttlichkeit entkleidet und menschlicher geworden. Rama ist die idealisierte Gestalt des Ritters ohne Furcht und Tadel.

41 Thailand: Krut (Garuda). Reittier der Götter und Helden. Nang-talung. Pergament, 88 × 67 cm (ohne Stab). Um 1884. Berlin (West), Staatliche Museen Preußischer Kulturbesitz, Museum für Völkerkunde

Nach langer, kinderloser Ehe werden dem König Dasharatha von seinen drei Frauen vier Söhne geboren: Rama, Bharata und die Zwillinge Lakshmana und Shatrughna. Eine besondere Zuneigung verbindet Rama mit seinem Bruder Lakshmana. Sita, die Tochter des Königs Videha, gewinnt er, als es ihm als einzigem gelingt, den Bogen Shivas zu spannen. Als Rama den Thron des Vaters erben soll, erwirkt die Mutter seines Halbbruders Bharata, den König an ein altes Versprechen erinnernd, daß ihr Sohn zum König gekrönt und Rama aus der Hauptstadt verbannt wird. Mit seinem Bruder Lakshmana und Sita zieht er sich in die Wälder zurück. Nach dem Tode des Vaters erfährt Bharata von den Intrigen seiner Mutter und bittet Rama, an seiner Stelle König zu werden. Rama schlägt die Bitte aus und zieht sich noch tiefer in die Wälder zurück. Die Schwester des Dämonenkönigs Ravana verliebt sich in Rama; als dieser sie jedoch zurückstößt, will sie sich an ihm rächen. Sie bringt ihren Bruder dazu, daß er sich bereit erklärt, Sita zu rauben. Ravanas Onkel, der Zauberer Maricha, verwandelt sich in einen goldenen Hirsch, dem Rama und Lakshmana nachjagen, um ihn zu erlegen. Inzwischen entführt Ravana Sita nach Sri Lanka. Jatayu, der Sohn des Göttervogels Garuda, versucht Sita zu befreien, wird aber von Ravana tödlich verletzt; sterbend berichtet er Rama von der Entführung. Die beiden Brüder verbünden sich mit dem Affenkönig Sugriva und seinem ersten General Hanuman. Das Affenheer baut innerhalb von fünf Tagen eine Brücke über die Meerenge nach Sri Lanka. In einem schrecklichen Endkampf kann Rama schließlich Ravana besiegen. Sita, die lange im Harem Ravanas gelebt hat, unterzieht sich einer Feuerprobe, um ihre Unschuld zu beweisen. Von dem Feuergott Agni geschützt, besteht sie die Probe. Auf dem Zauberwagen Ravanas kehren Rama und Sita in ihre Heimat zurück, und Rama übernimmt die Herrschaft in seinem Reich. Als das Volk eine zweite Probe von Sitas Unschuld verlangt, entzieht sich Sita der neuen Feuerprobe und kehrt in den Schoß ihrer Mutter, der Erdgöttin, zurück. Rama, in Wirklichkeit der Gott Vishnu, verläßt sein Reich und kehrt in den Götterhimmel zurück.

Türkei (Farbt. 21-27)

Das türkische Schattenspiel, nach der Leitfigur *Karagös* benannt, war bis zum Beginn des 20. Jahrhunderts im ganzen Osmanischen Reich bekannt und erfreute sich ebenso großer Beliebtheit wie das Kaspertheater in Deutschland, England und Frankreich. In der heutigen Türkei wird es nur noch sehr selten gespielt. Das Schattenspiel als traditionelles Volkstheater ist im Konkurrenzkampf mit den modernen Unterhaltungsmedien unterlegen. Der Untergang des Schattenspiels zeichnete sich bereits gegen Ende des vorigen Jahrhunderts ab, als die Spieler sich in immer derberen Zoten und Obszönitäten ergingen. Aufführungsverbote oder Behinderung der Vorstellungen im ganzen Osmanischen Reich waren die Folgen. Bis zum 16. Jahrhundert fehlen gesicherte Daten über Herkunft und Entwicklung des türkischen Schattentheaters. Für eine Entstehung des Schattenspiels in Byzanz und seine Tradition im mediterranen Kulturkreis, wie sie lange Zeit angenommen wurde, finden sich keine Beweise. Nach einer anderen Theorie wurde das im ostasiatischen Kulturkreis beheimatete Schattentheater vor etwa eintausend Jahren von Zigeunern, auf ihrer Westwärtswanderung von Indien kommend, in der Türkei bekannt gemacht. Für diese Theorie spricht die Hauptfigur der Stücke; Karagös bedeutet nämlich »Schwarzauge«, eine alte Bezeichnung für Zigeuner, und bei seinen Auftritten grüßt er häufig mit dem Zigeunergruß »Zombonos keros!« Er übte außerdem den für Zigeuner spezifischen Beruf des Schmiedes aus. Einschränkend muß jedoch gesagt werden, daß das Schattenspiel für Persien als Zwischenstation zwischen Indien und der Türkei nicht gesichert ist. Auch enthält die Literatur vor dem 16. Jahrhundert keinen Hinweis auf das Schattentheater. Wahrscheinlich ist, daß die Türken das Schattentheater erst in Ägypten kennenlernten, das sie 1517 eroberten. Auf Befehl Sultan Selims I. wurde der letzte Mameluckenherrscher gehenkt. Am Abend nach der Exekution führte man dem Sultan die Hinrichtung als Schattenspiel vor. Die Darbietung gefiel ihm so gut, daß er beschloß, sie seinem Sohn zu zeigen. Auf seinem Rückweg von Ägypten nach Istanbul nahm er mehrere Schattentheatergruppen mit. Immer wieder wurden zu hohen Festlichkeiten ägyptische Schattentheater an die Hohe Pforte geholt.

Bei vielen Ereignissen oder Erfindungen, deren Anfänge im dunkeln liegen, wollen Sagen oder Legenden, an historische Ereignisse anknüpfend, den Ursprung erklären. So werden auch zum türkischen Schattentheater verschiedene Geschichten tradiert: Sultan Orhand (1326 bis 1359) befahl, in Bursa eine neue Moschee zu bauen. Unter den Bauarbeitern waren auch *Karagös,* ein Schmied, und *Hacivad,* ein Maurer, die mit ihren Streitgesprächen, Witzen und Zoten alle anderen Arbeiter von der Arbeit abhielten, so daß der Bau nicht voranging. Erbost befahl der Sultan, Karagös und Hacivad zu hängen. Wenig später bereute er seine Strenge und trauerte um die beiden Streithähne. Um ihn zu trösten, schnitt *Seyhi Küsteri,* einer seiner Berater, zwei Figuren, die den Hingerichteten ähnlich sahen, aus Leder, bemalte sie und ließ sie hinter einer Leinwand zu neuem Leben erwachen.

Nach anderen Legenden war Karagös Botenläufer im Dienste Kaiser Konstantins, Hacivad Botenläufer des Seldjukensultans Alaeddin; auch sie lebten weiter in ihrer Schlagfertigkeit und ihrem Witz. Seyhi Küsteri, der auf seinem Grabstein in Bursa als Erfinder von Karagös und Hacivad bezeichnet ist, wurde zum Schutzpatron aller Schattenspieler.

Auch wenn die Grundkonzeption des türkischen Schattentheaters von Ägypten übernommen wurde, so sind doch Figuren, Bewegungsabläufe, Ausstattung und Inhalte eigenständig bzw. von den im Osmanischen Reich seit langem bekannten Hand- und Marionettenbühnen, den Gauklern und Groteskänzern übernommen. Über das Aussehen der frühesten Figuren ist nichts bekannt; die ältesten Exemplare in Museen und Privatsammlungen wurden vor wenig mehr als hundert Jahren angefertigt. In Haltung und Bewegung, Kleidung und Aufmachung zeigen sie eine deutliche Verwandtschaft mit Gauklern und Groteskänzern, wie sie die Miniaturen des 16. bis 18. Jahrhunderts darstellen. Deutlich ist in den Miniaturen zu erkennen, daß sich die Figuren meist im Profil zeigen, Arme und Hände leicht angewinkelt in Brusthöhe halten und sich in einer auffallend seitlichen Gangart bewegen. Nun wird aber in einem 1675 erschienenen Buch über Festlichkeiten berichtet, daß Tänzer und Schauspieler ihrerseits sich wie Schattenspielfiguren kleiden und bewegen. Man darf deshalb annehmen, daß das Schattenspiel bereits im 17. Jahrhundert weit verbreitet war und sich größter Beliebtheit erfreute und daß Schau-, Puppen- und Schattenspiel sich in Aufführungsidee, Darstellungsweise und Kostümierung wechselseitig befruchteten. Wie stark nichttürkische Kultureinflüsse auf die Gestaltung des Schattentheaters eingewirkt haben, ist heute nicht mehr nachvollziehbar. Möglicherweise sind Elemente der Commedia dell'arte – das Osmanische Reich stand im 16. Jahrhundert in enger politischer, ökonomischer und kultureller Beziehung zu Venedig – in das türkische Schattenspiel eingegangen; die für sie typischen Prügelszenen, deftigen Witze und Hanswurstiaden kamen auch beim türkischen Publikum gut an. Auch die nach der Reconquista aus Spanien vertriebenen Juden, die im Osmanischen Reich Asyl fanden, haben das Schattentheater beeinflußt, wie jüdisch-spanische Begriffe beweisen. Karagös als Name für die Hauptfigur und als Gattungsbegriff für das Schattenspiel wird erstmals im 17. Jahrhundert erwähnt und ist türkischen Ursprungs.

Die Figuren

Jeder Puppenspieler war bemüht, für jedes Stück in seinem Repertoire einen kompletten Satz Figuren zu besitzen. Nur Karagös und Hacivad, die Hauptakteure aller Aufführungen, konnten immer wieder eingesetzt werden. Die meisten Spieler fertigten ihre Schattenfiguren selbst an oder ließen sie von besonderen Figurenschneidern *(tasvirci)* herstellen. Zu einer vollständigen Figurenausstattung gehören Menschen aus allen sozialen Schichten – Sklaven, Bettler, Freudenmädchen, Soldaten, Zwerge, Kaufleute, Beamte – und Vertreter vieler Völker – Europäer, Inder, Araber, Perser –, Tiere, Geister, Hexen, Fabelwesen und Verwandlungsfiguren; weiter Bäume, Häuser, Schiffe als Kulissen und Schaubilder. Die durchschnittliche Größe der Figuren liegt zwischen

42 Türkei: Fischungeheuer (?). Pergament, 18 × 24,5 cm. Ende 19. Jh. Theatermuseum d. Inst. f. Theaterwissenschaft d. Universität Köln

25 und 35 cm, die kleinsten Figuren, die Zwerge, messen nur 20 cm, die größte, Baba Himmet, ist fast 60 cm hoch. Meist war die neue Figur die sorgfältige Kopie einer älteren. Deshalb ist es äußerst schwierig, die Figuren genau zu datieren. Im allgemeinen sind die älteren Figuren sorgfältiger gearbeitet als die jüngeren. Gelegentlich geben Details der Kleidung Hilfen zur zeitlichen Einordnung. So können Figuren mit Fes erst ab 1832 entstanden sein, als das Tragen des Fes für alle Männer gesetzlich angeordnet wurde; Figuren mit Ballonmützen kommen erst ab 1925 vor, als Kemal Atatürk im Zuge seiner Reformen den Fes verbot und statt dessen die Ballonmütze in Mode kam. Die flachen Figuren werden mit einem leicht gebogenen Messer *(nevrekan)* aus geglätteter und transparent geschabter Kamel-, Rinder- oder Pferdehaut geschnitten. Zum Bemalen der Figuren verwendet man lichtdurchlässige Pflanzen- und Erdfarben: Hellblau, Lila, Blattgrün, Olivgrün, Karmesinrot, Terracotta, Braun, Schwarz und Gelb. Es sind die gleichen Farben, welche auch die Teppichhersteller zum Einfärben der Wollfäden nehmen. Die Farben werden mit einem Pinsel beidseitig auf die wieder

halbweichte Tierhaut aufgetragen und mit Alaun fixiert. Farbig betont werden Kleidung, Kopfbedeckung, Schuhwerk und Schmuck. Als Inkarnat dient die natürliche Farbe des gegerbten Pergaments; nur Negerfiguren werden dunkel eingefärbt. Geschwärzte und perforierte Randstreifen rahmen die Farbflächen und grenzen sie gegeneinander ab.

Die meisten Schattenspielfiguren sind beweglich; das heißt, sie sind aus zwei oder mehreren Teilen zusammengesetzt. An den Gelenken läßt man die Teile übereinandergreifen, durchbohrt sie in der Mitte und verbindet sie mit beidseitig verknoteter Schnur oder mit einem Lederstreifen. Die Beweglichkeit der Figuren entspricht ihrem Charakter und dem Temperament ihres Auftretens. Bei der überwiegenden Zahl der Figuren ist das einzige Gelenk in der Körpermitte angebracht. Der Führungsstab wird in ein lederverstärktes Loch in der obe-

43 Türkei: Zentaur(?). Pergament, 24,5 × 28 cm. Ende 19. Jh. Theatermuseum d. Inst. f. Theaterwissenschaft d. Universität Köln

44 Türkei: Kutsche (Räder beweglich). Pergament, 32,5 × 55,5 cm. Ende 19. Jh.
Theatermuseum d. Inst. f. Theaterwissenschaft d. Universität Köln

ren Körperhälfte der Figuren fest eingesteckt. Durch einfache Drehung des Stabes kann der Spieler die Figur tiefe Verbeugungen machen oder Purzelbäume schlagen lassen. Bei vielen der mehrgelenkigen Figuren wird in der Nähe des Hauptgelenkes ein zweiter Führungsstab befestigt. Mit zwei Stäben können sie äußerst lebhaft dirigiert werden, was vor allem bei den beliebten Prügelszenen wichtig ist. Grobe, aus Pappe ausgestanzte Figuren, mit grellen Anilinfarben bemalt, wurden Ende des 19. Jahrhunderts als Kinderspielzeug oder als Souvenirs für europäische Touristen hergestellt.

Bühne und Spieltechnik

Karagös-Vorstellungen finden nur in geschlossenen Räumen statt. Die Bühne wird durch einen lichtundurchlässigen Vorhang oder eine Bretterkonstruktion vom Zuschauerraum abgetrennt. In diesem Vorhang befindet sich in Augenhöhe ein Ausschnitt für den Bildschirm. Dieser besteht aus weißer Baumwolle, die über einen Holzrahmen gespannt ist. Ägyptische Baumwolle wird bevorzugt, weil sie das Licht am wirkungsvollsten durchscheinen läßt. Alte Spielflächen maßen etwa 2 × 2,5 m, während in jüngerer Zeit nur noch wesentlich kleinere von etwa 1×0,6 m verwendet werden. Hinter der Leinwand steht ein Tisch, auf dem der Vorführer die Figuren und Führungsstäbe ablegen kann. Es gibt keinen Vorhang, der die Spielfläche vor Beginn der Vorstellung bedeckt. Die Lichtquelle, früher eine Öllampe aus Eisenblech, wird direkt unterhalb der unteren Bildschirmkante angebracht. Je nach Bildschirmgröße waren mindestens zehn Halterungen für Dochte vorhanden, um das Licht gleichmäßig über die Leinwand zu verteilen; bei großen Spielflächen benötigte man 30 und mehr brennende Dochte. Weil es gleichmäßig und wenig rußend brannte, speiste man die Lampe mit Olivenöl. Heute werden nur noch elektrische Glühlampen benutzt, obwohl sie nie die lebendige Wirkung der leicht flackernden Öllampen erzielen. Der Spieler, *Karagödschi,* preßt die Figur mit dem Führungsstab fest gegen die Leinwand, damit die Zuschauer Konturen und Farben der Figuren gut erkennen können. Die hölzernen Führungsstäbe sind fest in den runden Löchern in Nackenhöhe verankert und bilden mit der Figur einen rechten Winkel. Selten stehen dem Spieler Helfer zur Seite, um ihn bei Massenszenen zu unterstützen oder die Figuren anzureichen. Allein kann er jeweils nur zwei Personen zur gleichen Zeit agieren lassen. Sollen mehrere Figuren gleichzeitig auf der Szene erscheinen, so behilft sich der Spieler mit einer Stützkonstruktion: In der unteren Rahmenleiste des Bildschirms befinden sich mehrere senkrecht eingebohrte Löcher, in die am oberen Ende y-förmig gegabelte Stäbe *(hayal agaci)* eingesteckt werden. In diese Gabeln legt der Spieler die Führungsstäbe der Komparsen und preßt sie mit seinem Körper gegen die Leinwand, während er mit den Händen die

Fig. 11 Figur mit Scharnieren (firdöndü)

Hauptakteure führt. Figur und Führungsstab sind so fest miteinander verbunden, daß die Figur ihre Richtung nicht ändern kann, es sei denn, sie geht rückwärts. Um diesen Mangel auszugleichen, werden einige Figuren nicht an horizontal ausgerichteten Stäben geführt, sondern mit leicht gebogenen Drahthalterungen, die an einem Ende mit einer Ledermanschette an der Figur wie an einem Scharnier *(firdöndü)* befestigt sind. Das andere Ende steckt in einem festen, runden Holzgriff. Für einen kurzen Moment löst der Spieler die Figur von der Leinwand, versetzt sie mit einem kurzen Ruck in Drehung, und die Figur kann in die entgegengesetzte Richtung bewegt werden.

Die Vorstellung

Schattenspiele werden zu besonderen Familienfesten wie Hochzeit oder Beschneidung auch heute noch im engsten Familienkreis aufgeführt. Im 16., 17. und 18. Jahrhundert wird von großen Schattenspielaufführungen anläßlich der Beschneidung des Prinzen berichtet. Während des Fastenmonats *Ramadan,* wenn mit Sonnenuntergang das Fastengebot aufgehoben war und Erwachsene und Kinder nach dem Abendgebet in die Kaffeehäuser strömten, wurden dort allabendlich Schattenspiele aufgeführt. Die Spieler mußten über ein Repertoire von mindestens 28 bis 29 verschiedenen Stücken verfügen, um an jedem Abend ein neues Programm anbieten zu können. Jede Vorstellung dauerte etwa zwei Stunden und wurde ohne Unterbrechung gespielt. Die Aufführung war in drei Abschnitte gegliedert: Prolog oder Einführung *(mukaddeme),* Dialog *(muhavere),* dem gelegentlich ein Zwischenstück *(ara muhaveresi)* angehängt wurde, und das Hauptstück, die eigentliche Spielhandlung *(fasil),* die mit einem kurzen Finale abschließt. Die einzelnen Abschnitte sind inhaltlich nicht miteinander verbunden. Formal sind die Einführung und das kurze Finale weitgehend festgelegt und gestatten dem Spieler keine großen Abweichungen. Im Hauptstück kann er die Dialoge nach seinen Vorstellungen entwickeln. Alle Abschnitte vor und nach dem Hauptstück haben eigentlich nur die Aufgabe, den beiden Hauptakteuren Karagös und Hacivad Gelegenheit zum alleinigen Auftritt zu geben, während sie im Hauptstück zusammen mit anderen Figuren in eine Spielhandlung eingebunden sind.

2 China, Peking: Altar (Kulisse). Pergament, 65 × 51 cm. 19. Jh. Offenbach, Deutsches Ledermuseum

◁ 1 China, Szetschuan: Feldherr. Pergament, Höhe 78 cm. 19. Jh. Offenbach, Deutsches Ledermuseum

3 China, Peking: Drachen. Pergament, 17 × 41 cm. 19. Jh. Offenbach, Deutsches Ledermuseum
4 China, Peking: Kriegselefant. Pergament, 30 × 38 cm. 19. Jh. Offenbach, Deutsches Ledermuseum

5   China, Szetschuan: Tigergardist. Pergament, Höhe 68 cm. 19. Jh. Berlin (West), Staatliche Museen Preußischer Kulturbesitz, Museum für Völkerkunde

7   China, Szetschuan: Tigerstuhl für Befehlshaber. Pergament, 44 × 18 cm. 19. Jh. Berlin (West), Staatliche Museen Preußischer Kulturbesitz, Museum für Völkerkunde

6   China, Szetschuan: Diener. Pergament, Höhe 68 cm. 19. Jh. Berlin (West), Staatliche Museen Preußischer Kulturbesitz, Museum für Völkerkunde

8   China, Szetschuan: Tiger. Pergament, 34 × 74 cm. 19. Jh. Berlin (West), Staatliche Museen Preußischer Kulturbesitz, Museum für Völkerkunde

9 Indien: Hanuman (?). Figur aus dem Ramayana. Pergament, Höhe 51 cm. 19. Jh. Offenbach, Deutsches Ledermuseum

10 Indien: Ravana, Dämonenkönig mit zwölf Armen und neun Gesichtern. Pergament, Höhe 176 cm. Andhra, um 1870. Offenbach, Deutsches Ledermuseum

11 Indien: Bauer und Bäuerin mit geschmückter Kuh. Szenenbild aus dem Ramayana (?). Pergament, 35 × 52 cm. 19. Jh. Offenbach, Deutsches Ledermuseum

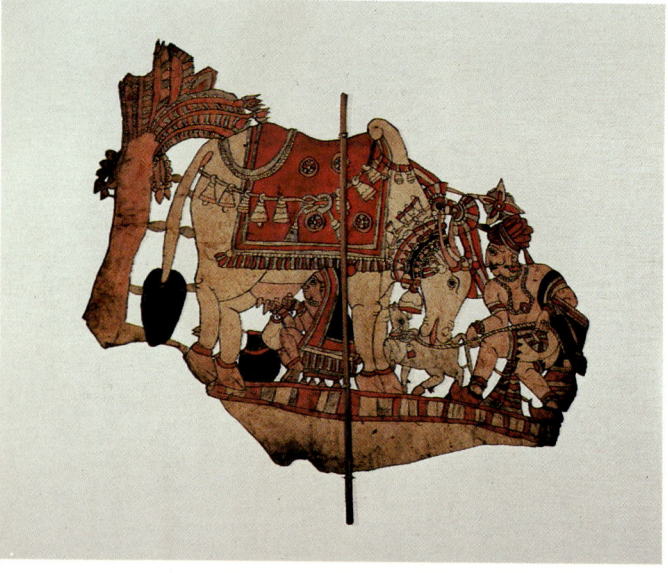

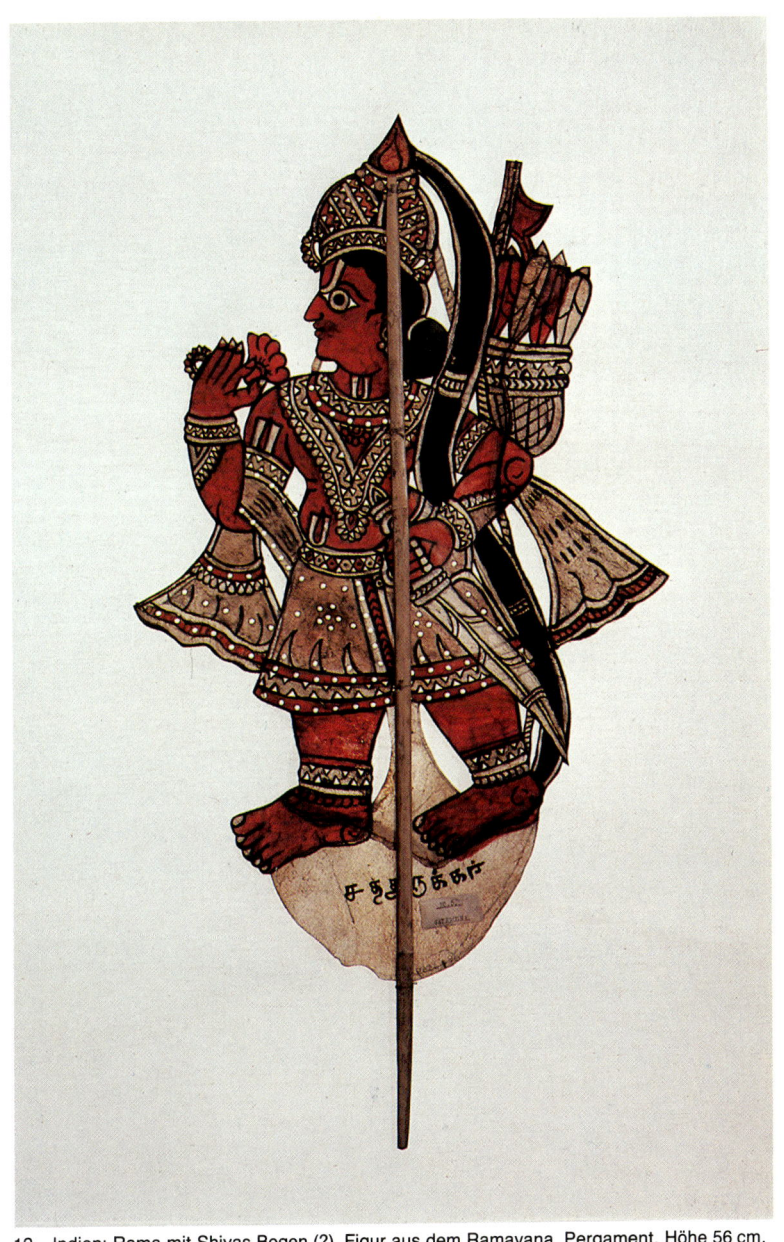

12 Indien: Rama mit Shivas Bogen (?). Figur aus dem Ramayana. Pergament, Höhe 56 cm. 19. Jh. Offenbach, Deutsches Ledermuseum

13 Indien: Pfau. Pergament, 45 × 96 cm. 19. Jh. Offenbach, Deutsches Ledermuseum
14 Java: Pferd. Wayang-kulit-Figur. Pergament, 23 × 33,5 cm (ohne Stab). 19. Jh. Frankfurt/M., Museum für Völkerkunde

15 Java: Gunungan. Pausenzeichen des Wayang-kulit. Pergament, Höhe 66,4 cm. Ende 19. Jh. Frankfurt/M., Museum für Völkerkunde

16–19 Java: Wayang-kulit-Figuren aus Pergament; 16: Surikanti, Tochter des Königs Salja. Höhe 25 cm (ohne Stab). 17: Ardjuna sasra bahu. Höhe 48 cm (ohne Stab). 18: Prinz Bambang Irava, Sohn von Ardjuna und Devi Ulupi. Höhe 46 cm (ohne Stab). 19: Raden Marsu banto. Höhe 62 cm (ohne Stab). Alle 19. Jh. Frankfurt/M., Museum für Völkerkunde

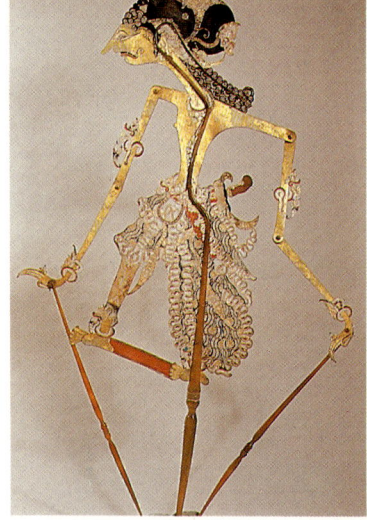

20 Bali: Dangiang Rado. Wayang-kulit-Figur. Pergament, Höhe 59 cm (mit Stab). 19. Jh. Frankfurt/M., Museum für Völkerkunde

21 Türkei: Segelschiff. Pergament, 25 × 30 cm. 19. Jh. Offenbach, Deutsches Ledermuseum

22 Türkei: Perser. Pergament, 32 × 23 cm. 19. Jh. Offenbach, Deutsches Ledermuseum ▷

23 Türkei: Hacivad. Pergament, Höhe 27 cm. 19. Jh. Offenbach, Deutsches Ledermuseum

24 Türkei: Karagös. Pergament, Höhe 30 cm. 19. Jh. Offenbach, Deutsches Ledermuseum

25 Türkei: Araber. Pergament, Höhe 31 cm. 19. Jh. Offenbach, Deutsches Ledermuseum

26 Türkei: Händler (?). Pergament, Höhe 35 cm. Offenbach, Deutsches Ledermuseum

27 Aleppo: Kamelreiterin. Karagös-Figur. Pergament, 36 × 31 cm. 19. Jh. Offenbach, Deutsches Ledermuseum

28 Thailand: Affenfürst Hanuman auf einem Kampfwagen der Dämonen. Nang-yai. Pergament, 190 × 158 cm. 2. Hälfte 19. Jh. Offenbach, Deutsches Ledermuseum

Zur Eröffnung der Vorstellung befestigt der Spieler an der erleuchteten Spielfläche ein Schaubild *(göstermelik)*, das ein Baum, ein Haus, eine Gruppe Musikanten oder ein Schiff sein konnte, aber keine inhaltlichen Hinweise auf die bevorstehende Aufführung enthalten mußte; es sollte nur die leere Spielfläche beleben. Bis in das 18. Jahrhundert war der göstermelik unbekannt; statt dessen wurde ein kleines Vorspiel gezeigt, in dem fast ausschließlich Tierfiguren agierten. Relikte dieser Vorspiele wurden im 19. Jahrhundert in Istanbul noch beobachtet.

Wenn alle Spielvorbereitungen getroffen sind, entfernt der Spieler das Schaubild zu den schrillen, nasalen Tönen einer Rohrflöte, *nareke*. Hacivad betritt, ein Lied – seine Erkennungsmelodie – singend, die Bühne. Hacivad kommt immer von links auf die Spielfläche. Diese stellt einen imaginären Platz vor, als dessen seitliche Begrenzungen man sich die Häuser der beiden Hauptakteure Karagös (rechts) und Hacivad (links) zu denken hat. Auf ein Bühnenbild mit Kulissen wird verzichtet. Am Ende seines Liedes ruft Hacivad »Oh, Gott« (Hay Haqq), dann stellt er sich in einem Gedicht *(gazel)* vor, spricht ein Gebet zu Gott, eine Huldigung an den Sultan, später an den Staatspräsidenten, und verflucht den Teufel. Nach der stereotypen Überleitungsformel »Das ist nicht eigentlich, was ich sagen wollte« erklärt er dem Publikum in Reimform, daß er sich nach einem freundlichen, netten und wohlerzogenen Freund sehne, der Arabisch und Persisch spräche, in Wissenschaft und Kunst sich auskenne und Sinn für Humor habe. Die Charakterisierung des ersehnten Freundes schließt er immer mit dem gleichen Satz: »Der Herr möge unser Tun heute abend zum Rechten lenken!« Nun beginnt Hacivad nach seinem Freund Karagös zu rufen, dessen Kopf schon mehrfach am oberen rechten Bühnenrande zu sehen war. Den wohlgesetzten Worten des Hacivad entgegnet Karagös in derber Gossensprache. Wutentbrannt über das Geplärr Hacivads kommt er auf die Straße heruntergerannt, und sofort beginnt eine wüste Prügelei zwischen den beiden. Schließlich entflieht Hacivad, und Karagös bleibt bös zugerichtet am Boden liegen. Hacivads geschraubten Redestil karikierend, bejammert er wortreich seinen erbarmungswürdigen Zustand. Hacivad, der die Hoffnung auf ein Gespräch mit dem Freund nicht aufgibt, erscheint noch ein paarmal auf der Bühne, wird aber jedes Mal mit Prügel und Beschimpfung davongejagt – zur Freude der zuschauenden Kinder. Wenn sich die Wogen des

45 Türkei: Sitzbank (Göstermelik). Pergament, 49,5 × 40,5 cm. Ende 19. Jh. Theatermuseum d. Inst. f. Theaterwissenschaft d. Universität Köln

Zornes etwas geglättet haben, taucht Hacivad wieder auf, und beide unterhalten sich über das Tagesgeschehen. Die kontroversen Dialoge geben dem Spieler Gelegenheit, Witz und Sprachgeschick zu demonstrieren. Hacivad und Karagös unterhalten sich über Ereignisse ihrer engeren Umgebung, politisieren, spotten über die hohe Geistlichkeit. Der Witz der Unterhaltung liegt in den Wortspielen und der Doppeldeutigkeit einzelner Worte, dem Kontrast zwischen übertriebenem

Bildungsanspruch des Hacivad, dem »Nichtverstehenwollen« und der Bauernschläue des Karagös. Beliebt sind dabei die Lügengeschichten des Karagös, der seinem Freund einen Traum so lange als wahre Geschichte erzählt, bis dieser von der Wahrheit überzeugt ist. Am Ende des muhavere verliert Karagös abermals die Geduld und prügelt den Freund von der Szene. Dem Entfliehenden ruft er die immer gleichen Abschlußworte des muhavere nach: »Du gehst? Bin ich vielleicht mit Baumwollfaden angebunden? Auch ich will auf den Festplatz gehen zum Luftrad, den Schönen nachzuschauen, laßt uns sehen, was der Weltenspiegel für Bilder zeigt!«

46 Türkei: Bebe Ruhi, Pergament, Höhe 29,5 cm. Ende 19. Jh.; Karagös als Braut (rechts), Pergament, Höhe 26 cm. Ende 19. Jh. Theatermuseum d. Inst. f. Theaterwissenschaft d. Universität Köln

Bei einer zweiten Form des Dialogs, *gel-geç muhaveresi,* erscheinen Hacivad und Karagös abwechselnd auf der Bühne und knüpfen in ihren Monologen jeweils an den Text des anderen an. Gelegentlich wird zwischen Dialog und Hauptstück noch eine Szene, *ara muhaveresi,* als Zeitfüller eingeschoben. Hier treten mehrere Personen auf. Hacivad unterhält sich mit einer anderen Person auf der Straße, und Karagös erscheint am Fenster, mischt sich in das Gespräch ein und bringt mit seinen Bemerkungen alles durcheinander. Nun folgt das Hauptstück. Ort der Handlung ist stets der Küsteri-Platz im alten Istanbuler Viertel Mahalla. Die Handlung wird in fast allen Stücken von denselben Personen getragen, die alle in der näheren Umgebung des Platzes wohnen und meist miteinander benachbart oder befreundet sind. Die Bewohner spiegeln das bunte Völkergemisch des Osmanischen Reiches mit seinen verschiedenen Trachten, Sprachen, Dialekten und Sitten. Die meisten Geschichten spielen im kleinbürgerlichen Milieu Istanbuls, und es sind immer wieder die gleichen Personen in die Ereignisse und Abenteuer verstrickt. Am Ende einer jeden Aufführung erklärt Karagös, er sei nun müde und wolle sich ausruhen. Als Abschluß versetzt er Hacivad noch eine letzte Ohrfeige. Hacivad entgegnet, er wolle zum »Herrn des Vorhanges« gehen, um ihm zu sagen, daß Karagös diesen abgerissen und zerstört habe. Nach dessen Abzug entschuldigt sich Karagös für die mangelhafte Aufführung, das ungehobelte Benehmen seines Freundes und verspricht, diesem am kommenden Abend noch mehr Prügel zu verabreichen. Zuletzt gibt er den Spielplan des folgenden Abends bekannt. In der Erwähnung des in Wirklichkeit nicht vorhandenen Vorhangs sehen einige Autoren eine mystische Bedeutung des türkischen Schattenspiels. Eigentümer desselben sei Gott. Vermutlich ist diese Bemerkung im Zusammenhang mit der Überzeugung islamischer Theologen zu sehen, daß die Welt ein Spielschirm sei, auf dem die Schöpfungsgeschichte aufgeführt werde. Im Figurenrepertoire des Karagös können drei Gruppen unterschieden werden:

1. Die beiden Hauptfiguren Karagös und Hacivad, ohne die keine Aufführung stattfinden kann. Sie sind die Hauptakteure und Leitfiguren einer jeden Vorstellung. Karagös trägt einen riesigen Turban und einen

47 Türkei: Zenna. Pergament, Höhe 36 cm. Ende 19. Jh. Theatermuseum d. Inst. ▷
f. Theaterwissenschaft d. Universität Köln

48 Türkei: Europäischer Matrose. Pergament, Höhe 37 cm. Ende 19. Jh. Theatermuseum d. Inst. f. Theaterwissenschaft d. Universität Köln

49 Türkei: Celebi (Verwandlungsfigur mit Schafskopf). Pergament, Höhe 27,5 cm (links), 28 cm (rechts). Ende 19. Jh. Theatermuseum d. Inst. f. Theaterwissenschaft d. Universität Köln

dichten schwarzen Vollbart. Der Turban sitzt lose auf seinem Hinterkopf. Mit einer leichten Drehbewegung kann der Spieler die Kopfbedeckung abwerfen, und Karagös' kahler Schädel kommt zum Vorschein. Alte Figuren zeigen ihn mit einem riesigen Penis, mit dessen Bewegungen er seine obszönen Reden begleitete, den er aber auch als Prügel benutzte. Hacivad ist ähnlich wie Karagös, aber sorgfältiger gekleidet; sein Turban ist etwas kleiner, und sein Vollbart endet in einer aufgebogenen Spitze. Obwohl er der Gebildete ist, ist ihm die Gossensprache seines Freundes auch nicht fremd, und trotz seiner Bildung wird er von seinem Freund immer wieder übers Ohr gehauen.

2. Die weiblichen Figuren tragen alle den Namen *Zenna*, gleich, ob sie Ehefrauen, Tänzerinnen, Kupplerinnen oder Ammen darstellen. Am bekanntesten ist Zenna als Prostituierte, die die Männer in ihr Haus lockt, ausraubt und nackt wieder auf die Straße jagt. Für den entsprechenden Aufruhr wird Karagös verantwortlich gemacht, dem es nur mit Mühe gelingt, seine Unschuld zu beweisen. Zu den weiblichen Rollen werden auch die Kinder gezählt. Alle Frauen tragen lange, bis zu den Füßen herabreichende Kleider und Pluderhosen. Die Gesichter der meisten Frauen sind verschleiert, doch lassen sich durch den dünnen Schleier die Gesichtszüge erkennen. Freudenmädchen und Kurtisanen sind an den halb oder ganz entblößten Brüsten zu erkennen. An den Füßen tragen die weiblichen Figuren slipperartige Lederschuhe.

3. Alle übrigen Figuren; dazu gehören Handwerker, Händler, Städter, Provinzler, fahrendes Volk und Fremde, auch Zwerge, Opiumsüchtige und der Dorftrottel. Außer den beiden Hauptfiguren tauchen im türkischen Schattenspiel bestimmte Typen immer wieder auf:

Celebi, ein junger, reicher, etwas flatterhafter Jüngling, der stets nach der neuesten Mode gekleidet ist. Er ist gut erzogen und spricht Türkisch mit Istanbuler Akzent.

Tiryaki (Tyriaki), ein Opiumsüchtiger, der immer berauscht im Kaffeehaus sitzt. Sein Attribut ist die Opiumpfeife. Meist schläft er mitten in der Unterhaltung ein und sinkt schnarchend auf seinen Platz zurück.

Bebe Ruhi, ein Zwerg oder Buckliger. Mit seinem hohen, spitzen Turban und seiner spitzen Nase sieht er wie der kleine Muck aus. Er hat einen Sprachfehler, ist anmaßend, gefräßig und quält seine Umgebung, indem er immer wieder dieselbe Frage stellt. Karagös verprügelt ihn, um ihn loszuwerden.

Matiz, Efe oder *Zeybek*, der Trunkenbold und Angeber, ein Maulheld, der schwert- und dolchschwingend mit seinen Taten prahlt. Angeblich hat er seine Familie umgebracht und droht, auch Karagös den Kopf abzuschneiden. In Wirklichkeit ist er feige und rennt vor jedem ernsthaften Gegner davon.

Baba Himmet, die größte Figur des Schattenspiels, ist ein bärenstarker Holzfäller aus Anatolien. Er trägt eine Axt über der Schulter. Von gutmütigem, einfältigem Charakter, erzählt er allen Leuten von seiner Liebsten in seinem Dorf. Karagös neckt ihn oft wegen seiner schwerfälligen Sprache.

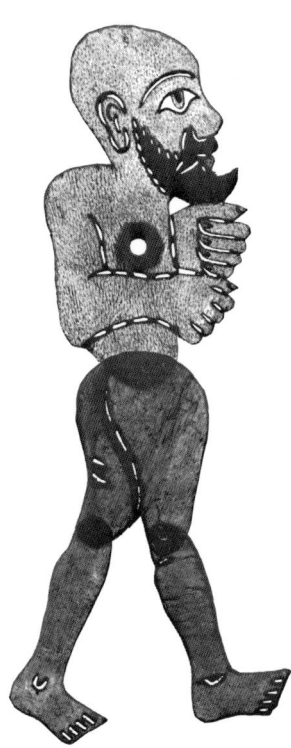 

50 Türkei: Rumelili. Ringer oder Fuhrmann. Pergament, Höhe 27,5 cm. Ende 19. Jh. Theatermuseum d. Inst. f. Theaterwissenschaft d. Universität Köln

51 Türkei: Europäer. Pergament, Höhe 32,5 cm. Ende 19. Jh. Theatermuseum d. Inst. f. Theaterwissenschaft d. Universität Köln

Laz kommt von der Schwarzmeerküste und ist Schiffer, Wollweber oder Blechschmied. Er spricht viel und schnell, kann anderen nicht zuhören und ist jähzornig. Karagös hält ihm einfach den Mund zu, wenn er ihm etwas mitteilen will.

Rumelili oder *Muhacir* stammt vom Balkan und ist Ringer oder Fuhrmann. Seine Sprache ist schwerfällig. Am liebsten redet er von seinem Dorf und seinem Beruf. Er ist bemüht, intelligent und wachsam auszusehen.

Kureli ist der Nachtwächter am Küshteri-Platz.

Der *Perser* handelt mit Shawls, Teppichen und Frauenkleidung; er tritt auch als Geldverleiher auf. Er ist sehr gebildet, kennt viele klassische Gedichte und wird deshalb von Hacivad sehr bewundert.

Der *Araber* tritt als Händler, Reisender, Bettler, Süßwarenverkäufer oder Kaffeezubereiter auf. Er ist langsam und schwer von Begriff. Sein Beitrag zur Konversation besteht meist aus simplen und stereotypen Fragen. Er spricht Türkisch mit ägyptischem Einschlag oder den Dialekt aus Damaskus. Statt eines Arabers kann auch ein Neger auftreten, denn beide sind im Türkischen gleichbedeutend.

Der *Albaner* ist Gärtner, Viehhändler oder Verkäufer von Getränken aus fermentierter Hirse. Er gibt sich große Mühe, ein korrektes Türkisch zu sprechen, wird wegen seines Akzentes aber immer wieder ausgelacht. Zu seinen Lieblingsbeschäftigungen gehört es, sich Lieder vorzusingen, die von Gemüse handeln.

Der *Grieche* oder *Franzose* tritt als typischer Europäer oder Levantiner auf. Polka tanzend kommt er auf die Bühne, trägt europäische Kleidung, Hut und Spazierstock. Er spricht das schlechteste Türkisch mit eingestreuten französischen oder griechischen Redewendungen. Er ist feige und unsympathisch.

Der *Armenier* tritt als Major domo eines großen Hauses, als Kellner oder Diener auf. Er ist mittelmäßig intelligent und ganz ohne Sinn für Humor.

Der *Jude* ist feilschender Händler, Hausierer oder Geldverleiher. Meist trägt er einen Sack auf dem Rücken. Sein Türkisch ist schlecht, voller grammatikalischer Fehler. Er wird als bösartig und gemein charakterisiert. Stets jammert er über zu hohe Preise. Seine hohe, laute Stimme bringt Karagös immer wieder in Wut, und wenn er sich dem Juden nur nähert, beginnt dieser zu schreien, als ob er bereits arge Prügel bezöge.

Alle genannten Figuren gehören zur Grundausstattung eines jeden Spielers. Der Auftritt der einzelnen Figuren wird durch eine besondere, charakteristische Melodie oder durch ein Lied angekündigt. So kommt der Araber zu einem arabischen Lied, der Albaner erscheint gewöhnlich bei einem fröhlichen Lied, in dem die Mädchen ihre Wäsche in der Donau waschen; der Jude tritt auf zu einer spanischen Melodie oder mit einem allgemein bekannten Lied aus dem Istanbuler Judenviertel. Die Lieder kündigen nicht nur den Auftritt bestimmter Figuren an, sie bilden auch Zäsuren zwischen den einzelnen Szenen des Stückes, das insgesamt ohne Pause gespielt wird.

Eine gute Vorstellung fordert vom Karagödschi ein Höchstmaß an Konzentration, Fingerfertigkeit und dramaturgischem Können. Da er die Texte allein spricht, muß er imstande sein, männliche und weibliche Stimmlagen nachzuahmen und die Stimmen nach Alter, Dialekten und typischen Sprachmerkmalen zu differenzieren. Der Gebrauch von Textbüchern oder Textvorlagen war nicht üblich. Alle Stücke wurden mündlich tradiert. Die wenigen bekannt gewordenen Textvorlagen seit dem 17. Jahrhundert sind nur kurze Zusammenfassungen, und erst gegen Ende des 19. Jahrhunderts erscheinen die ersten im Druck. Sammlungen schriftlich fixierter Schattenspieltexte wurden durch das Interesse europäischer Reisender gegen Ende des vorigen Jahrhunderts angeregt. Die bedeutendste Sammlung legte der letzte am Hof spielende Karagödschi, Nazif Bey, für Hellmut Ritter während des Ersten Weltkrieges an.

Neben einem umfangreichen Repertoire an Stücken – für die Abende des Ramadan mußten es ja schon 28 oder 29 sein – erwartete man von einem guten Spieler Kenntnisse der Literatur und Musik, denn Anspielungen, Zitate und parodistische Einlagen standen hoch in der Gunst des Publikums. Mit Phantasie und Fingerfertigkeit erzeugte der Karagödschi Geräusche wie Schritte, Hufgetrappel und das Klatschen der Schläge bei den Prügelszenen, ohne den Fluß des Spieles zu unterbrechen. Schritte imitierte er, indem er mit seinen Füßen auf den Boden stampfte, in den Kampfszenen schlug er sich mit der freien Hand in den Nacken, an die Stirn oder auf den Arm, um die unterschiedlichen Treffer der Streitenden akustisch zu vermitteln.

Dem Spieler standen häufig ein Sänger und ein Musiker zur Seite, der das Tamburin schlug und auf einer Rohrflöte blies. Bei den selten gewordenen Aufführungen ersetzen heute Schallplatte und Tonbandgerät die beiden Helfer. Da sich die Möglichkeit für Schattenspielaufführungen auf den Fastenmonat, gelegentliche Aufführungen in Kaffeehäusern und Einladungen zu Familienfesten beschränkte, übten die Karagödschi und ihre Helfer einen zweiten Beruf aus, um ihren Lebensunterhalt zu erwerben.

Nach den Vorschriften des Islam dürfte es eigentlich kein Schattenspiel geben. Die Religion verbietet die Darstellung von Menschen in jeglicher Form. Da jedoch das Schattenspiel und Marionetten nicht nur beim Volke, sondern auch im Adel und Klerus sehr beliebt waren, wurden die Figuren mit theologischer Begründung aus dem Verbot ausgenommen: Figuren, die zur Befestigung von Schnüren oder Führungsstäben ein Loch im Körper haben, sind keine Geschöpfe aus Fleisch und Blut. Ihre Herstellung steht bei allem Realismus der Darstellung nicht in Konkurrenz zur Schöpferkraft Gottes.

Die oft derbe und völlig unprätentiöse Darstellung der Figuren entspricht dem Verständnis der einzelnen Typen und dem Volkstheatercharakter der Stücke; das Fehlen jeglichen Raffinements und die wenig kunstvolle Darstellungsweise, der ein hohes Maß an handwerklicher Qualität in der Bearbeitung des Leders und im Farbauftrag gegenübersteht, hat sicher auch mit der nicht vorhandenen Tradition und der Ungeübtheit in der bildhaften Wiedergabe des Menschen zu tun.

Der Niedergang des türkischen Schattenspiels begann Ende des 19. Jahrhunderts. Das Schattenspiel war nicht nur das Theater des kleinen Mannes, in ihm artikulierten sich auch Meinung und Mißmut des Volkes. Karagös und Hacivad hatten mit ihrem Spott und ihrer Kritik an bestehenden Mißständen Ventilwirkung. Die letzten despotisch regierenden Sultane sahen in den Karagös-Aufführungen staatsgefährdende Umtriebe. Durch die Zensur verlor das Spiel an Schärfe und Biß und somit den Witz. Unter den Karagödschi machte sich ein lähmender Konservatismus breit, der jede Neuerung ablehnte. Immer weniger Männer waren bereit, die lange Lehrzeit in Kauf zu nehmen, die das Erlernen der Texte und Führen der Figuren erfordern. Hinzu kommt, daß die altertümliche Form nicht mehr dem Zeitgeschmack entspricht. Beides, veraltete Aufführungspraktiken und Mangel an Nachwuchsspielern lassen das Schattentheater aussterben. Es ist zu hoffen, daß die Bemühungen von modernen Autoren, Historikern, Ethnographen und Volkskundlern, eine alte Volkskunst zu erhalten, erfolgreich sind.

Persien

Die Existenz des Schattenspiels ist bis heute nicht eindeutig geklärt. Einige frühe Autoren, unter ihnen Jacob und Pischel, nehmen an, daß das chinesische und indische Schattenspiel auch in Persien durch Vermittlung von Kaufleuten und Zigeunern bekannt geworden sei, die, von Indien kommend, auf ihrer Wanderung nach Westen Persien durchquerten. Jacob glaubt zudem, in der persischen Literatur des 12. und 14. Jahrhunderts Hinweise auf Schattenspielaufführungen gefunden zu haben. Er muß aber zugeben, daß die zitierten Texte wenig Aussagekraft haben. Kurzerhand erklärt er den *Ketschel Pehlewan* zum Helden des persischen Schattenspiels und behauptet, er weise Ähnlichkeiten mit dem türkischen Karagös und Hacivad auf. Die von Jacob herangezogenen Texte beziehen sich wahrscheinlich auf die Vorführungen mit Handpuppen oder Marionetten. Beschreibungen von Schattenspieltheatern, Aufführungen oder Figuren liegen nicht vor. Persische Schattenspielfiguren gibt es in keiner Museumssammlung.

Ägypten

Das Schattenspiel galt lange vor der Eroberung des Landes durch die Türken in allen Schichten der Bevölkerung als beliebte Unterhaltung. Bereits im 12. Jahrhundert gab es Schattenspielaufführungen vor dem Fatimidensultan Saladin († 1193). Weder Text noch Inhalt sind überliefert. Die ältesten erhaltenen Texte für das Schattenspiel schrieb der im 13. Jahrhundert lebende ägyptische Arzt Muhammed Ibn Danijal († 1311). Zwischen 1260 und 1277 hat Ibn Danijal drei Schattenspielstücke geschrieben. Seine als Satiren abgefaßten Stücke bezeichnet er in der Einleitung als »Schattenspiele der Pikanterie und der hohen Bil-

52 Ägypten: Kreuzritterschiff. Pergament, 83 × 124 cm. Nach 1850. Offenbach, Deutsches Ledermuseum

53 Ägypten: Segelschiff. Leder, teilweise mit grünem und gelblichem Pergament hinterlegt, 50 × 72,5 cm. 14. Jh. Theatermuseum d. Inst. f. Theaterwissenschaft d. Universität Köln

dung und nicht für die Gasse«. Die Stücke, die sich in verschiedenen späteren Kopien erhalten haben, wurden noch bis ins 19. Jahrhundert aufgeführt.

Die Dialoge sind in Prosa, gelegentlich in Versen abgefaßt, in die Lieder und Reimprosa eingestreut sind. Die Melodien der Lieder waren noch gegen Ende des 19. Jahrhunderts bekannt. Da nicht alle Schattenspieler die Manuskripte lesen konnten, wurden die Texte der Stücke auswendig gelernt und mündlich tradiert. Daß dabei Veränderungen und auch Kürzungen vorkamen, ist verständlich. Einleitend begrüßt ein Zeremonienmeister die Besucher, dankt für ihr Erscheinen, preist Gott und Mohammed, seinen Propheten, und betet für das Wohlergehen des Sultans. Im ersten Spiel, *Taif al-Hayal,* wird ein junger Mann von einer alten Kupplerin über das wahre Aussehen seiner Braut getäuscht. Das zweite, *Agib und Garib* (Das Phantastische und das Wunderbare), zeigt in einer Folge inhaltlich lose miteinander verknüpfter Einzelszenen Jahrmarktsakteure, die prahlerisch und in komischen Übertreibungen ihre Künste anpreisen. Da treten Wunderheiler und Taschenspieler, Bärenführer, Schlangenbeschwörer und Löwenbändi-

54 Ägypten: Falkner. Leder, Höhe 47 cm. 14. Jh. Theatermuseum d. Inst. f. Theaterwissenschaft d. Universität Köln

ger, Seiltänzer und andere auf und führen ihre Kunst vor. Im dritten, *al Mutajjam* (der von der Liebe Geschlagene), durchsteht ein Mann viele Abenteuer, um die Liebe eines Mädchens zu gewinnen.

Seit dem 15. Jahrhundert erwähnen Chronisten immer wieder Aufführungen von Schattenspielen. Nach diesen Quellen erfreuten sich vor allem Stücke historischen Inhalts besonderer Beliebtheit. Das Gebot Sultan Tschakmaks 1451, alle Schattenspielfiguren zu verbrennen, kann keine große Nachwirkung gehabt haben, denn 1498 wurden auch am Hofe wieder Schattentheater aufgeführt.

Infolge der Eroberung Ägyptens durch Sultan Selim I. wurden die Türken mit dem Schattenspiel bekannt. Sie übernahmen die Idee; ob sie auch die Figuren übernahmen und erst später eigene entwickelten, ist nicht bekannt. In Ägypten existierte das Schattentheater auch nach der Eroberung in seiner traditionellen Form bis zum Beginn des 19. Jahrhunderts weiter. Um die Mitte des vorigen Jahrhunderts er-

55 Ägypten: Soldat mit Schlachtroß. Leder, teilweise mit grünem und gelblichem Pergament hinterlegt, 55 × 56 cm. 14. Jh. Theatermuseum d. Inst. f. Theaterwissenschaft d. Universität Köln

56 Ägypten: Raubkatze schlägt Gazelle. Leder, 44,5 × 55 cm. 14. Jh. Theatermuseum d. Inst. f. Theaterwissenschaft d. Universität Köln

lebte das Schattentheater eine neue Blüte, nun aber seinerseits in Stil und Ikonographie ganz vom türkischen beeinflußt. Nach der Jahrhundertwende sind für Kairo noch Schattenspielaufführungen belegt; inzwischen scheint das Schattentheater in Ägypten völlig ausgestorben zu sein.

Zur Entstehung des Schattenspiels in Ägypten sind weder historische Quellen noch Legenden bekannt. Vielleicht gelangte die Kenntnis von Java nach Afrika. Arabische Händler und Seeräuber hatten, lange bevor Ibn Batuta 1345 Java besuchte, auf Java Fuß gefaßt und Stützpunkte errichtet. Sicher sahen sie dort Wayang-Aufführungen und mochten die Idee aufgegriffen und in ihrer Heimat bekannt gemacht haben. Wenn auch die Anfänge des Schattenspiels im dunkeln bleiben, so ergibt sich für Ägypten dennoch der einzigartige Fall, daß sehr frühe Figuren überliefert sind. Paul Kahle konnte im Zusammentreffen von Forscherglück und Wissen 1909 in Menzale eine Sammlung alter Schattenspielfiguren erwerben. Mameluckenwappen, die er an fünf Figuren entdeckte, sowie der stilistische Vergleich der ausgestanzten Muster mit der Ornamentik auf Bucheinbänden boten Kahle Datierungshilfen für eine zeitliche Einordnung der Figuren ins 14. Jahrhundert.

Die altägyptischen Figuren unterscheiden sich vollständig von den im 19. Jahrhundert hergestellten. Sie wurden aus Kamelhaut geschnitten und bestehen aus zum Teil recht großflächigen, in sich geschlossenen Feldern, die klar gegeneinander abgesetzt sind. Die breiten, schwarz eingefärbten Trennstreifen sind durch Perforationen aufgelockert. Die Felder selbst sind mit sorgfältig ausgestanzten, gitterartigen Ornamenten gefüllt oder mit farbigen Membranen hinterlegt. Auffallend ist, daß keine Figur bewegliche Glieder besitzt, lediglich an einigen Tierfiguren konnten Hals und Schwanz bewegt werden. Häufig sind mehrere Figuren zu einem Bild oder szenischen Darstellungen, ähnlich den Bildern des Nang-yai aus Thailand, zusammengefaßt. Ein durch eine Ledermanschette verstärktes Loch diente der Aufnahme des Führungsstabes. Ob die Figuren von einem oder mehreren Spielern geführt wurden, ist nicht bekannt. Musiker hat es sicher gegeben, wie aus den Texten von Ibn Danijal geschlossen werden kann. Unsachgemäße Reparaturen an den alten Figuren lassen auf nachlassendes Interesse am Schattentheater schließen.

57 Ägypten: Strauß (Hals, Beine, Schwanzfedern beweglich). Leder, 58 × 45 cm. 14. Jh. Theatermuseum d. Inst. f. Theaterwissenschaft d. Universität Köln

Fig. 12   Neuere ägyptische Figuren; der Name des Herstellers ist auf ihnen vermerkt

Die neuen, im 19. Jahrhundert entstandenen ägyptischen Figuren waren aus transparenter Eselshaut oder aber aus Pappe gefertigt. An ihnen ist deutlich zu erkennen, daß die Figuren des türkischen *Karagös* als Vorlagen dienten. Die ägyptischen sind jedoch sparsamer bemalt und größer (50 bis 150 cm) als ihre Vorbilder.

Die Aufführungen der neuen ägyptischen Schattenspielfiguren glichen denen in der Türkei. Zur Vorstellung preßte man die Figuren mit Hilfe von langen Palmblattrippen gegen die Leinwand. Als Lichtquelle diente ölgetränkte Baumwolle in einer Tonschale. Kulissen steckte man an der Leinwand fest. Die Spieler trugen ihre Texte teils rezitierend, teils singend vor. Zu ihrer Begleitung wurden Trommel und Tamburin geschlagen.

Tunesien

Zur Geschichte des Schattentheaters in Nordafrika liegen nur spärliche Quellen aus dem 19. Jahrhundert vor. Es sind kurze Bemerkungen oder Beschreibungen deutscher und französischer Reisender, die mehr oder weniger zufällig Schattenspielaufführungen erlebten. Die Aufzeichnungen und Beobachtungen wurden oft in Unkenntnis der Sprache und der Landessitten gemacht und lassen sich deshalb als Quellen nur bedingt verwenden. Erst um die Jahrhundertwende begann man, das Schattenspiel systematisch zu erforschen.

Das Schattentheater wurde in Tunesien durch die Türken bekannt gemacht. Man übernahm von den Türken nicht nur die Technik, sondern auch die beiden Hauptakteure, Karagös und Hacivad, und behielt die Namen bei. In den aufgeführten Stücken verwendeten die Spieler türkische Wörter und Redewendungen. Auffallend häufig war das Schattentheater in ehemaligen türkischen Garnisonstädten anzutreffen. Mit dem Verfall der türkischen Herrschaft in Nordafrika verlor auch das Schattentheater an Bedeutung. 1843 wurde es von den Franzosen in Algerien ganz verboten, weil es franzosenfeindliche, diffamierende und despektierliche Elemente enthielt. So prügelte Karagös mit seinem Riesenphallus französische Soldaten in die Flucht, und der Teufel trat in französischer Uniform auf. Trotz des Verbotes muß es noch Aufführungen gegeben haben, wie ein Bericht von 1914 bezeugt. Viele Nachrichten über das Schattenspiel in Tunesien seit den sechziger Jahren des vorigen Jahrhunderts beklagen seinen Niedergang und Verfall. Manche Autoren glaubten bereits, die letzten Spieler angetroffen zu haben, und doch sind bis 1936 Spiele belegt. Die Aufführungen fanden nur während des Ramadan statt.

Die gegen Ende des 19. Jahrhunderts verwendeten Schattenspielfiguren waren aus grobem Leder geschnitten, später auch aus Pappe. Die

Figuren zeigen in der Ausarbeitung keine Ähnlichkeit mehr mit ihren türkischen Vorbildern; weder sind sie transparent, noch dienen filigrane Ausstanzungen der Abgrenzung von Körperteilen und Kleidungsstücken gegeneinander. Spuren von Bemalung waren kaum zu erkennen. Schnüre verbanden scharnierähnlich die Glieder mit dem Rumpf. Die Figuren waren so grob gearbeitet, daß man die einzelnen Charaktere, wie sie vom türkischen Schattenspiel bekannt waren, kaum unterscheiden konnte. Die Kleidung des Karagös zeigte entfernte Anklänge an tunesische Tracht, andere Figuren waren ihrer Herkunft nach nur an der Fesform zu erkennen.

Der tunesische Karagös *(Karaguz/Karakun)* und Hacivad *(Haziwaz/Haziwan)* gleichen mit geringen Abstrichen ihren großen Vorbildern. Allerdings ist Karagös nicht immer der durchtriebene Schlaukopf, sondern mitunter auch ein Einfallspinsel, der sein Lehrgeld bezahlen muß. Hacivad wird eindeutig als der Überlegene dargestellt. Bei den Begleitfiguren haben einige eine Änderung erfahren, andere wurden beibehalten; dem Opiumraucher begegnet man wieder, nun als »tunesischem Städter mit Pfeife«, ebenso dem Juden, dem Neger und dem Christen. Andere Figuren ersetzte man durch in Tunesien bekannte Volkstypen. Unbekannt oder in Vergessenheit geraten ist der göstermelik.

Die zur Aufführung kommenden Stücke sind weitgehend mit den türkischen identisch. Den Witz beziehen sie aus Mißverständnissen, Wortverdrehungen, politischen Satiren und obszönen Szenen, die jedoch im 20. Jahrhundert nicht mehr beobachtet wurden. Gegenüber ihren türkischen Vorbildern sind die Stücke stark verkürzt; die Vorspiele fallen weg. Karagös und Hacivad fassen in einem kurzen Vorspann zusammen, was im Hauptstück geschehen wird. Die ganze Vorführung einschließlich der Prügelszenen dauert selten länger als fünfzehn Minuten. Musikbegleitung zu den Auftritten der einzelnen Figuren ist nach dem vorliegenden Quellenmaterial unbekannt. Die Stücke werden mündlich überliefert. Der Spieler kennt das Grundgerüst der Handlungen und gestaltet sie frei aus. Textaufzeichnungen wurden erst gegen Ende des letzten Jahrhunderts von europäischen Reisenden vorgenommen.

Figurenführung, Spiel- und Bühnentechnik sind identisch mit dem türkischen Schattentheater. Alle Spieler betrieben das Schattenspiel nur als Nebenberuf und hauptsächlich zur Unterhaltung von Kindern.

Europa

Das europäische Schattenspiel läßt sich in Bedeutung und Verbreitung, in der typologischen Ausprägung und Vielfalt nicht annähernd mit dem asiatischen vergleichen. Von Asien importiert, erlangte es in einigen europäischen Ländern in bestimmten Perioden eine gewisse Bedeutung, doch blieb es zumeist Straßenbelustigung oder wurde zu einer Kleinkunstform, bei der die individuellen künstlerischen Ausdrucksmittel einer typologischen Fixierung entgegenstanden.

Italien

Bis in das 17. Jahrhundert waren Vorführungen mit Schattenfiguren unbekannt. Aus dem Osmanischen Reich kommend, wurde das Schattentheater zuerst in Süditalien heimisch und drang von dort immer weiter nach Norden vor. Aus der Mitte des 17. Jahrhunderts liegen Berichte von Schattenspielaufführungen aus Rom und Neapel vor, bei denen man im Licht von Fackeln Gespenster auftreten und sich bewegen ließ. Aus den frühen Berichten geht nicht hervor, ob bereits zusammenhängende Geschichten vorgeführt wurden oder ob man sich mit der Projektion von Schattenbildern begnügte. Auch läßt sich nicht immer deutlich unterscheiden, ob die erwähnten Straßenkünstler Schattenspiele vorführten oder mit einer Laterna magica Bilder auf Wände oder gar Rauchwolken projizierten. Nach den vorliegenden Quellen scheint das Schattentheater in Italien Volksbelustigung an Straßenecken und auf Jahrmärkten gewesen zu sein.

Deutschland

1683 bittet eine Komödiantengesellschaft in Danzig um Erlaubnis, »Italienische Schatten« aufzuführen. Seit diesem Zeitpunkt mehren sich die Belege für Schattenspielaufführungen in Deutschland. Die Bezeichnung »Italienische Schatten« deutet darauf hin, daß das Schattenspiel von Italien über die Alpen nach Mitteleuropa gekommen ist. Die asiatische Herkunft des Spiels war lange Zeit unbekannt. 1686 gab es Schattenspiele in Frankfurt/M., 1688 in Bremen, und gegen Ende des

58 Deutschland: Soldat/Jäger(?). Pappe (Gewehr aus Blech), Höhe 27,5 cm. Nach 1800. Bauer (?). Pappe (Sack aus Stoff), Höhe 23 cm. Nach 1800. Theatermuseum d. Inst. f. Theaterwissenschaft d. Universität Köln

59 Deutschland: Herr. Pappe (bewegl. Arm und Bein aus Blech), Höhe 30,5 cm. Ende 18. Jh. Dame. Pappe (Gesicht aus Blech), Höhe 31 cm. Ende 18. Jh. Theatermuseum d. Inst. f. Theaterwissenschaft d. Universität Köln

17. Jahrhunderts wurden in Hamburg Komödien gespielt, in denen »malerische Städteprospekte« als Kulissen projiziert wurden. Die überwiegende Zahl der Schattenspieler bis weit in das 18. Jahrhundert hinein kam aus Italien.

Schattenspielaufführungen müssen sich im 18. Jahrhundert in Deutschland bereits großer Beliebtheit erfreut haben. Der Adel, der an vielen »Volksbelustigungen« Gefallen fand, entdeckte auch das Schattentheater zu seiner Unterhaltung und machte es salonfähig. Hofkomödiant Ferdinand Beck, der 1731 in Frankfurt/M. seine Haupt- und Staatsaktionen aufführte, ließ in den Pausen zwischen den einzelnen Akten Schattenspiele aufführen. In seinem Tagebuch notiert Graf

Heute werden die aus Potsdam allhier angekommene
Italiänische Gesellschaft
und von Sr. Königl. Majestät von Preußen allergnädigst Generalprivilegirten
Kunst-Spielers
VANESCHI und TRIPELOURY
durch
LES OMBRES CHINOISES
oder
die vortrefliche chinesische Belustigung
produciren:
Der von dem Wirth übel begegnete Gast.
Wie auch
L'Amie, oder die zerbrochene Brücke.
Hierauf folgt
der grosse Meer-Sturm, oder die Seefahrt, mit Donner und Blitz, Regen, Scheiterung der Schiffe, so daß die Waaren ausgeworfen werden, und zu Grunde gehen.

Ariston, der Zauberer, welcher durch seine Beschwörungen verschiedene Vorstellungen, die sich augenscheinlich in mancherley Art verwandeln, citiret.

Noch folgen zwey Ballets,
welche mit ihrem ungemein natürlichen Bewegungen, Pa's und Springen gewiß die Bewunderung und das Geständniß erhalten werden, daß sie vor den grösten lebendigen Tänzern den Vorzug verdienen.

Es ist dabey zu bewundern, daß alle diese Dekorationen eine vortrefliche Mahlerey vorstellen, wozu aber keine Farben gebraucht worden sind.

Da nun diese Ombres Chinoises bey allen hohen Häuptern und Majestäten von Frankreich, England, Rußland, Pohlen, Sardinien, Schweden und Dänemark; wie auch von Sr. Kaiserl. Königl. Majestät in Wien, ingleichen zu Berlin mit gnädigstem Beyfall aufgenommen worden, so schmeicheln wir uns, da wir nur im Durchreisen und zu produciren die Ehre haben, auch jetzigen Orts eines zahlreichen Zuspruchs, indem man sich bemühen wird, Ihnen das Geständniß abzuzwingen, daß Ihnen die Stunden nicht gereuen, welche Sie unserm Schauspiel geschenkt haben.

Preiße der Plätze:
Auf dem ersten 6 Ggr. Auf dem zweyten 4 Ggr. Auf dem dritten 2 Ggr.

Der Schauplatz ist auf dem Rathhause. Der Anfang um 6 Uhr.

Billets sind sowohl in unserm Logis, als auch beym Eingange zu haben.

Sollten Liebhaber seyn, die von meiner so nutzbaren Seifenkugel, welche alle Arten von Fettflecken vertilget, Gebrauch machen wollen, diese belieben sich bey mir zu melden, dieweil ich versichern kann, daß keiner ist, der sie verfertigen, als ich.

Vaneschi.

61 Deutschland: »Les ombres chinoises«. Kupferstich von D. Chodowiecki.
    15,2 × 20 cm (Bildgröße). Um 1780. Theatermuseum d. Inst. f. Theaterwissenschaft d. Universität Köln

Lehndorff, daß am 4. März 1753 am Hofe des Prinzen von Preußen ein
»Chattenspiel« gezeigt wurde. Die Eintragung im Tagebuch zeigt auch,
daß für das Schattenspiel zu Beginn der zweiten Hälfte des 18. Jahrhunderts der deutsche Begriff verwendet wird, während sich später der
französische, »Ombres chinoises«, einbürgerte. Im »Jahrmarktsfest zu
Plundersweiler« hat Goethe seine Eindrücke von Schattenspielvorführungen, die er im März und April 1773 gesehen hatte, eingeflochten.

Mit der zunehmenden Verbürgerlichung der Kultur gegen Ende des
18. Jahrhunderts wurde das Schattentheater neben den Puppenspiel-
und Laterna-magica-Vorführungen zu einer populären Unterhaltung
für Kinder und Erwachsene. Auch zur Kritik an den Herrschenden
wurde das Schattenspiel eingesetzt; ein 1805 erschienener Text, »Schönes Schattenspiel an der Wand, Vorstellend die neuesten Weltbegeben-

◁ 60 Deutschland: Theaterzettel der Schattenspieler Vaneschi und Tripeloury.
      35,5 × 22 cm. Nach 1750. Theatermuseum d. Inst. f. Theaterwissenschaft d.
      Universität Köln

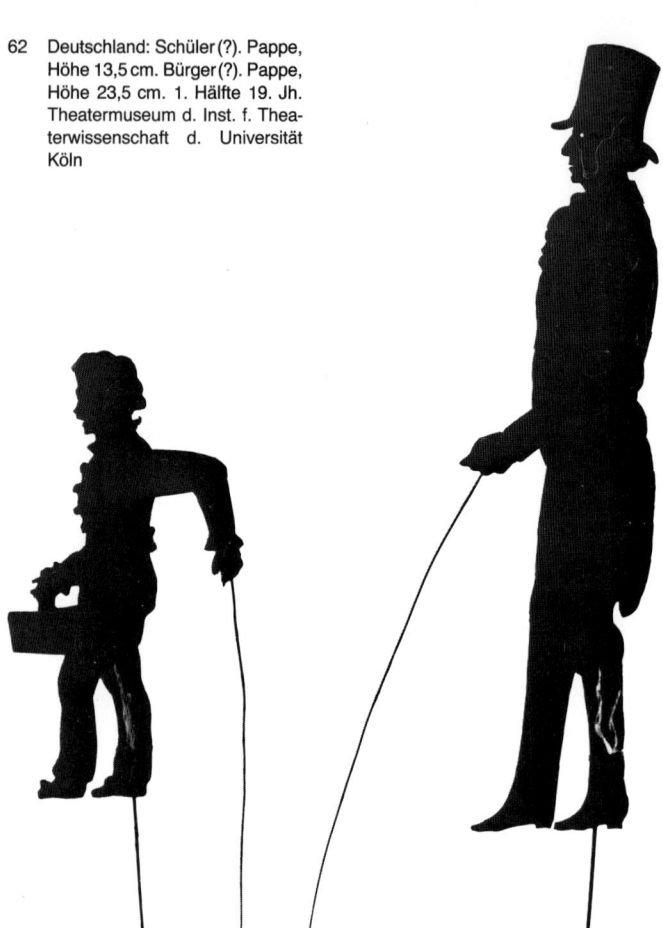

62 Deutschland: Schüler(?). Pappe, Höhe 13,5 cm. Bürger(?). Pappe, Höhe 23,5 cm. 1. Hälfte 19. Jh. Theatermuseum d. Inst. f. Theaterwissenschaft d. Universität Köln

heiten«, kritisiert die Blindheit des Habsburger Kaisers gegenüber den politischen Veränderungen in Frankreich. Nach dem Sturz Napoleons veröffentlicht 1816 Christian Brentano, Bruder von Clemens Brentano, einen Schattenspieltext, »Der unglückliche Franzose oder Der Deutschen Freiheit Himmelfahrt«, in dem er Napoleon nach der endgültigen Niederlage verspottet. Weitere satirische oder politisch-kritische Texte für das Schattentheater sind nicht bekannt; manches mag

63 Deutschland: Musikant (?). Musik(?)instrument auf der Rückseite. Pappe, Höhe 25 cm. Wirt(?). Pappe, Eisen (Besen), Höhe 22 cm. 1. Hälfte 19. Jh. Theatermuseum d. Inst. f. Theaterwissenschaft d. Universität Köln

der repressiven Politik Metternichs und ihren Zensurbestimmungen zum Opfer gefallen sein.

Unter den Dichtern der Romantik hatte das Schattentheater viele Anhänger. Mörike, Grillparzer, Kerner, Brentano, Uhland und Arnim haben Schauspiele für das Schattentheater geschrieben. Ganz besonders dem Schattentheater zugetan war Franz Pocci, der für seine Kasperlestücke viele groteske und karikierende Schattenfiguren entwarf.

64 Deutschland: Leidensweg Christi. Polychrome Tageslicht- und Schattenspielfiguren. Pappe, 10,6 × 12,5 cm (links); Höhe 12 cm (Mitte); 11,5 cm (rechts). 2. Hälfte 19. Jh. Theatermuseum d. Inst. f. Theaterwissenschaft d. Universität Köln

Die Figuren Poccis erfuhren durch die Münchner Bilderbogen eine ungeheure Verbreitung. Obwohl sich viele bekannte Schriftsteller zu Beginn des 19. Jahrhunderts mit dem Schattenspiel beschäftigten, wurden ihre Texte nie Volksstücke. Die Bühnen des Schattentheaters glichen denen für das Handpuppenspiel, nur daß das offene Geviert mit einem Spielschirm mit geöltem Papier verschlossen wurde. Die Figuren waren aus Pappe oder Papier; manche besaßen bewegliche Glieder. Eine ausgeschnittene Binnenzeichnung, wie sie für den gleichzeitig so beliebten Scherenschnitt charakteristisch ist, war bei den Schattenspielfiguren nicht üblich; auf dem Spielschirm erschienen sie als geschlossene Silhouetten. Zur musikalischen Untermalung der Texte

65 Deutschland: Leidensweg Christi. Polychrome Tageslicht- und Schattenspielfiguren. Pappe, Höhe 9,3 cm (links); 9,6 × 18 cm (Mitte); Höhe 8,8 cm (rechts). 2. Hälfte 19. Jh. Theatermuseum d. Inst. f. Theaterwissenschaft d. Universität Köln

66 Deutschland: Wolf. Pappe, 21 × 27 cm (ohne Halterung). 2. Hälfte 19. Jh. Theatermuseum d. Inst. f. Theaterwissenschaft d. Universität Köln

67 Deutschland: Schusterjunge (?). Schwabinger Schattenspiele (?). Pappe, Höhe 29 cm. Nach 1900. Theatermuseum d. Inst. f. Theaterwissenschaft d. Universität Köln

spielte ein Begleiter auf der Drehleier oder dem Leierkasten. Auffallend ist, daß das Schattenspiel trotz seiner weiten Verbreitung und allgemeinen Beliebtheit in der ersten Hälfte des 19. Jahrhunderts in zeitgenössischen Darstellungen von Straßenszenen und Jahrmärkten kaum dargestellt wird. Die meisten Schattenspielaufführungen fanden im häuslichen Kreis als Abendbelustigung der Familie statt. Das Spiel war dilettantisch und auf einen eher intimen Rahmen abgestimmt. Die groben Späße und Prügelszenen besorgte in Deutschland der Kasper des Handpuppentheaters, zu dem das Schattentheater nie eine echte Konkurrenz wurde. 1907 versuchte Alexander von Bernus gemeinsam mit einigen jungen Künstlern, das Schattentheater neu zu beleben. In einem Schwabinger Gartenhaus richtete man nach dem Vorbild des Pariser »Chat noir« ein Schattentheater ein. Die Figuren wurden als einfarbige Silhouetten gearbeitet. Alle Texte waren in Versform ver-

68 Deutschland: Stadttor mit Wachsoldat (Kulisse). Karton, Höhe 11,5 cm. Um 1900. Bauer(?) mit Hund. Karton, Höhe 4,5 cm (ohne Stab). Um 1900. Theatermuseum d. Inst. f. Theaterwissenschaft d. Universität Köln

faßt und wurden mit getragener Stimme zum Spiel der Figuren vorgetragen und von leiser Spinettmusik begleitet. In Nachdichtungen führte man zum Beispiel Grimms Märchen, Wilhelm Buschs »Versuchung des hl. Antonius« und Poccis »Kasperls Abenteuer« auf. Als 1910 die Textsammlung »Schwabinger Schattenspiele« erschien, hatte das Theater wegen chronischen Geldmangels seine Pforten bereits wieder schließen müssen.

Auch die Versuche seit den dreißiger Jahren von Leo Weismantel, Margarethe Cordes, Annemarie Blockmann und Alois Raab, dem Schattentheater zu neuer Anerkennung zu verhelfen, hatten wenig Erfolg. Die betulichen Texte und die biederen Figuren waren nicht dazu angetan, das Schattentheater wieder populär zu machen.

Nach dem Ersten Weltkrieg hatte Lotte Reiniger die Idee, das Schattentheater mit dem neuen Medium Film zu verbinden. Die Figuren ihrer Filme ließ sie als Silhouetten mit beweglichen Gliedern schneiden

69 Deutschland: Theaterzettel. 40,5 × 30,5 cm. Um 1925. Theatermuseum d. Inst.
    f. Theaterwissenschaft d. Universität Köln

und fotografierte auf einem waagerecht montierten Tricktisch jede Positionsveränderung an den Figuren. Die Bewegungsabläufe der feinteiligen Figuren besaßen im Film große Lebendigkeit. Zu Lotte Reinigers größten Erfolgen gehörte der abendfüllende Spielfilm »Die Abenteuer des Prinzen Achmed« aus dem Jahre 1926.

70   Deutschland: Schattenspieltheater (Mappe). 21,5 × 33,5 cm. Nach 1900. Theatermuseum d. Inst. f. Theaterwissenschaft d. Universität Köln

71   Deutschland: Ausschneidebogen für Schattentheater. 21 × 33,5 cm. Nach 1900. Theatermuseum d. Inst. f. Theaterwissenschaft d. Universität Köln

Grosses Schattentheater.

Zur Unterhaltung und Selbstbeschäftigung.
Von P. Widmayer.

Dieses Schattentheater ist sehr praktisch eingerichtet und zwar so, daß die jungen Leute sich durch Ausschneiden der Dekorationen und Figuren noch etwas zu beschäftigen haben, bis die Vorstellung angeht.

Das Widmayer'sche Schattentheater enthält ein praktisches Gestell, das nach der Vorstellung auseinandergenommen und geschickt aufbewahrt werden kann und mit den hübschen Dekorationen eine

prächtige Schaubühne

darstellt, hinter deren Vorhang die Schattenfiguren sich produzieren. Außer einem Figurenheft mit den auszuschneidenden meist beweglichen Figuren enthält das Spiel noch verschiedenartiges Material, das zur Ausführung erwünscht ist, sowie eine praktische Anleitung, wie das Schattentheater aufgestellt und gehandhabt werden soll.

Alles zusammen ist in einem praktischen und eleganten Aufbewahrungskasten vereinigt.

Preis Mk. 4.50.

72 Deutschland: Schattentheaterprospekt (Innenseite von »Schattenfiguren«). 18 × 14 cm. Nach 1900. Theatermuseum d. Inst. f. Theaterwissenschaft d. Universität Köln

Frankreich

Auch in Frankreich verbreitet sich das Schattenspiel von Italien aus. Nachrichten über das ostasiatische Schattentheater und die Chinamode des 18. Jahrhunderts prägen in den siebziger Jahren den Begriff »Ombres chinoises«, ohne daß damit eine direkte Nachahmung des chinesischen Schattentheaters gemeint wäre.

Die hervorragenden Aufführungen des François Séraphin Dominique am Hof in Versailles und Paris haben wesentlich dazu beigetragen, daß das Schattenspiel sich in Frankreich zu einer eigenen Kunstform entwickeln konnte und ein vielschichtiges Publikum sich für diese Art des Theaters interessierte.

Der 1747 in Lothringen geborene François Séraphin Dominique zog mit Wanderbühnen durch Deutschland und Italien und lernte hier das Schattentheater kennen. Der Erfolg des Schattenspielers Audinot am Boulevard du Temple in Paris ermunterte Séraphin, ebenfalls öffentliche Vorstellungen »Chinesischer Schatten« zu geben, was er bisher nur im privaten Kreise getan hatte. 1772 eröffnete er in einem Hotel in Versailles das »Théâtre Séraphin«. Seine Vorstellungen fanden Gefallen am königlichen Hof, und 1784 gestattete ihm der König, ein Theater in den Galerien des Palais Royal zu eröffnen. Das Théâtre Séraphin überlebte die Stürme der Französischen Revolution im Palais Royal, und als Séraphin 1800 starb, führten Familienmitglieder das Theater weiter. »Le Pariséum moderne«, ein Pariser Stadtführer aus dem Jahr 1828, vermerkt, daß allabendlich um 7 Uhr Schattenspiele in den »ombres chinoises de Séraphin« im Palais Royal no. 121 aufgeführt werden. 1870 mußte das Theater wegen Besuchermangel schließen, nachdem man es vom Palais Royal an den Boulevard Montmartre verlegt hatte. Das Schattentheater als »ombres chinoises« wurde im 19. Jahrhundert auch als geselliges Spiel in den Salons gepflegt. Die Faszination des Spieles muß so groß gewesen sein, daß darüber selbst wichtige politische Ereignisse als Gesprächsthema in den Hintergrund traten. Der Schriftsteller Paul Eudel klagt 1812, daß man mehr über die Theaterabende bei Séraphin spreche als über den Feldzug in Rußland. Eudels eigene Begeisterung für das Schattentheater war nicht geringer als die seiner Zeitgenossen, denn 1855 veröffentlichte er ein Buch mit dem Titel »Les ombres chinoises de mon père«. In dem Büchlein beschreibt er die

73 Frankreich: Karikatur(?). Pappe, Höhe 26 cm. 2. Hälfte 19. Jh. Theatermuseum d. Inst. f. Theaterwissenschaft d. Universität Köln

74 Frankreich: Magier. Blech (Gesicht aus Pergament), Höhe 51 cm. 19. Jh. Theatermuseum d. Inst. f. Theaterwissenschaft d. Universität Köln

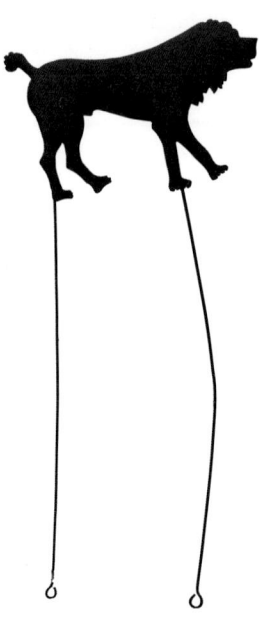

75 Frankreich: Pudel. Blech, 7 × 10,5 cm (ohne Stäbe). Um 1850. Theatermuseum d. Inst. f. Theaterwissenschaft d. Universität Köln

Abende in einem nordfranzösischen Dorf, die sein Vater, ein Zollbeamter, damit verbrachte, den Dorfbewohnern Schattentheater vorzuführen. Eudel selbst trat in die Fußstapfen seines Vaters und spielte einige Zeit Schattentheater in Crotoy, in Nantes und auf der Insel Réunion.

Gegen Ende des 19. Jahrhunderts erlangte das Schattenspiel einen letzten glanzvollen Höhepunkt. 1885 zog Rodolphe Salis mit seinem Künstlerkabarett »Chat noir« vom Boulevard Rochechouart in die rue de Laval, jetzt rue Victor Massé. Dort improvisierte der Maler Henri Rivière mit einer als Bildschirm aufgespannten Serviette und rasch geschnittenen Pappfiguren ein Schattenspiel als Illustration zu einem von Jules Jouy vorgetragenen Spottlied auf die Polizei. Der Erfolg des spontanen Einfalls war so groß, daß Salis Rivière und andere Künstler beauftragte, ein Schattentheater zu schaffen. 1886 konnte mit dem Stück »L'Eléphant« von Henri Somme die Premiere gefeiert werden. Zu den größten Erfolgen des »Chat noir« gehörten die Stücke »L'Epopée« und

»La Marche à l'étoile«. In »L'Epopée«, Premiere 1888, werden Aufstieg und Fall Napoleons in 30 Einzelszenen dargestellt. Das Stück »La Marche à l'étoile«, Premiere 1890, war die Illustration zu einem Gedicht von Georges Fragerolle; eine Gruppe Menschen, Ausgestoßene, Frauen, Hirten und Soldaten, bewegt sich zu Fuß und in Booten verzweifelt bittend und betend durch die Nacht auf einen hellstrahlenden Stern zu. Was im »Chat noir« geboten wurde, war nicht mehr einfaches schwarzweißes Schattentheater mit aus Pappe geschnittenen Schattenfiguren, sondern totale Illusion. In den Schlachtszenen wurden die Figuren gestaffelt hintereinander aufgestellt, um durch unterschiedliche Schattenintensität Tiefe im Bild zu erzeugen. Pulverdampf verbreitete sich, und die Reiter wirbelten Staubwolken auf; Geräuschmaschinen erzeugten Kanonendonner, Schlachtenlärm und Hufschlag. Von oben herabrieselnder Sand täuschte Regen vor, winzige Stoffetzen fielen wie Schnee herab.

Hinter dem Spielschirm waren bis zu acht Mann tätig, um die Figuren zu bewegen und die Geräusche zu erzeugen. Rodolphe Salis erläuterte und kommentierte die Szenen auf dem Bildschirm. Alle Texte waren improvisiert. Er griff Zurufe von Zuschauern auf, flocht Anspielungen auf die tagespolitischen Ereignisse und Skandale ein; auch prominente Besucher des »Chat noir« schloß Salis in seine spöttischen Bosheiten ein. Ein Klavierspieler begleitete die Vorstellung. 1896 wurde der Mietvertrag für das Theater nicht mehr verlängert; das »Chat noir« mußte unerwartet schließen. Salis und später seine Witwe gastierten noch einige Zeit mit ihrem Programm in Paris und anderen Städten Frankreichs und im Ausland, doch die große Zeit war vorbei.

Vor der Jahrhundertwende gab es noch einige andere Schattenspieltheater in Paris, die aber nie das Niveau des »Chat noir« auch nur annähernd erreichten.

Für das häusliche Schattenspiel, die Kinder- und Familienunterhaltung, brachten die Bilderbogenverleger in Epinal und Metz Bogen mit Spielrahmen, Figuren und Kulissen zum Ausschneiden heraus. Diese Tradition setzt heute der auch in Deutschland bekannte Autor László Varvasoczky fort. In Paris gibt er kleine Büchlein mit Spielanregungen, Textvorlagen und Spielentwürfen heraus.

»Spanisches« Schattenspiel

»Spanisches« Schattenspiel bezeichnet weniger die regionale Verbreitung als einen bestimmten Schattenspieltyp, bei dem Spieler statt Figuren hinter dem Spielschirm agieren. Diese aus Spanien kommende Art des Schattenspiels erfreute sich in Europa des 18. Jahrhunderts großer Beliebtheit, so auch in Goethes Haus, wo man Themen aus der klassischen Mythologie darstellte. In Paris wurde 1767 das erste Textbuch für das spanische Schattentheater mit Anleitungen für den Bühnenaufbau und Anweisungen für die Spieler herausgegeben. Zu den beliebtesten Aufführungen gehörten die Darstellungen von waghalsigen Balancekunststücken, wobei sich der Spieler über ein festes Brett bewegt, das die Zuschauer in der Schattenprojektion nur als dünnes Seil wahrnehmen können; ebenso publikumswirksam war die »Operation«; dabei wird der »Patient« auf einem Tisch dicht an den Spielschirm geschoben, damit ein scharfer Schatten entsteht. Nun tritt der »Arzt« mit einem riesigen Messer an den Tisch heran und operiert den Mitspieler; aus dessen Bauch holt er im Verlaufe der Vorstellung die ungewöhnlichsten Objekte hervor, die sortiert auf der dem Schirm abgewandten Seite des Tisches bereitliegen. Die Täuschung der Zuschauer gelingt immer, denn sie sehen ja nur den zweidimensionalen Schatten, nicht aber die räumliche Staffelung. Das spanische Schattenspiel, einst in Theatern und Varietés aufgeführt, gehört heute noch manchmal zu den Attraktionen der Kinderfeste.

England

Auch nach England wurde das Schattenspiel durch italienische Straßenspieler gebracht. Die Puppenspieler griffen die neue Spieltechnik auf und gaben nun tagsüber Figurentheater; abends zeigten sie Schattenspiele. Ab 1776 kopierten englische Theater in London die Stücke des Théâtre Séraphin. In den Abendstunden bauten ambulante Spieler ihre provisorischen Bühnen auf. Ein Trommler oder Flötenspieler lockte das Publikum herbei, während der Vorstellung spielte er die Begleitmusik zu den einzelnen Stücken und sprach mit verstellter Stimme die Texte zu den Aufführungen. Am Ende der Vorstellung ging er mit Teller oder Hut im Publikum herum, um zu sammeln.

Niederlande

1652 lernte der Maler Samuel van Hoogstraten auf einer Romreise das italienische Schattentheater kennen. Später ließ er in seinem Haus in Dordrecht auf dem Dachboden eine Schattenspielbühne errichten, um seinen Schülern über das Schattenspiel die Wechselwirkung von Licht und Schatten zu verdeutlichen. Hoogstraten nutzte nicht nur Figuren für seine Demonstrationen, sondern ließ auch seine Schüler selbst auftreten. In seinem Buch »Inlyding tot de Hooge Schoole der Schilderkonst« beschreibt er eine solche Aufführung, bei der Szenen aus der griechischen Mythologie und aus der Odyssee dargestellt wurden.

In den Niederlanden waren zu Beginn des 20. Jahrhunderts wie in Deutschland und Frankreich viele Künstler vom Schattenspiel fasziniert. In den Künstlervereinigungen haben sie Figuren und Texte geschaffen, die dann in kleinen Theatern aufgeführt wurden. Zu den bedeutendsten Förderern des Schattenspiels in den Niederlanden gehörte der 1970 verstorbene Frans ter Gast. Er versuchte, die Traditionen des niederländischen Schattenspiels fortzuführen und junge Spieler heranzuziehen und auszubilden.

Griechenland

In Griechenland wurde wie in fast allen ehemals von den Türken besetzten Ländern das Karagös heimisch. Aus der Figur des türkischen Karagös wurde *Karaghiosis*, sein Freund heißt in Griechenland *Khatziavatis*. Die aus Tierhaut oder Pappe gefertigten Figuren sind etwa 60 cm groß. Die Führungsstäbe für die Figuren werden in Lederschlaufen geschoben, da sie nicht wie die türkischen Vorbilder mit einem Loch in Schulterhöhe versehen sein müssen; außerdem können die Figuren durch diese Befestigungsart ihre Bewegungsrichtung am Spielschirm wechseln. Neben Architekturteilen kennt das griechische Schattentheater noch weitere Versatzstücke: Motorräder, Schiffe, Flugzeuge; in einigen Stücken sind sogar Fallschirme zu sehen. Der Spielschirm ist etwa 1,5 m hoch und 6 m lang. Auf der rechten Seite steht als Kulisse ein prächtiger türkischer Palast, am entgegengesetzten Ende eine baufällige Hütte, Karaghiosis Haus. Zwischen beiden Gebäuden spielen fast alle Szenen.

Zu Beginn des 19. Jahrhunderts gab es in Griechenland über 50 Schattentheater. Zum ständigen Repertoire aller Bühnen gehörten Geschichten aus dem griechischen Unabhängigkeitskrieg gegen die Türken.

Nach einem Bericht von Lotte Reiniger, die in Athen einer Schattenspielaufführung beiwohnte, agierte der Spieler allein hinter dem Spielschirm; die Figuren wurden ihm von einem Helfer angereicht. Ein Orchester aus fünf Musikern spielte für das Publikum sichtbar vor dem Spielschirm.

Noch heute werden in Kaufhäusern und an Kiosken Bilderbogen mit Karaghiosis-Figuren und Textbücher verkauft. Die Figuren- und Kulissenteile müssen ausgeschnitten und an den markierten Stellen zusammengesetzt werden. Sie sind bunt bedruckt, so daß mit ihnen bei Tageslicht auch ohne Spielschirm gespielt werden kann.

Schattentheater zum Selbermachen

Schattenspiel ist ein faszinierendes Medium, das beim aktiven Spiel und beim Zuschauen gleichermaßen Spaß macht. Mit sehr wenigen Hilfsmitteln lassen sich Schattenspieltheater, Figuren und Kulissen selber bauen.

Zur Herstellung von Figuren braucht man: dicke Pappe (Schuhkarton), Blumenbindedraht, Muster- oder Kofferklammern, Klebeband, Papierkleber, eine Schere, ein scharfes Messer (am besten Teppichbodenmesser mit auswechselbarer Klinge), einen Nagel, eine dicke Nadel oder einen Milchdosenöffner.

Die Figuren

Unbewegliche Profilfiguren lassen sich am einfachsten herstellen. Die Größe sollte bei aufrecht stehenden Figuren zwischen 12 und 20 cm betragen. Am besten markiert man die gewählte Größe mit zwei Querstrichen auf der Pappe. Beim Vorzeichnen der Figuren sind einige Proportionsangaben hilfreich: Der Körper mißt etwa siebenmal die Kopfgröße; die Hüften liegen in der Körpermitte, die herabhängenden Arme reichen bis zum halben Oberschenkel, und die Ellenbogen befinden sich in Taillenhöhe. Dies sind unverbindliche Vorgaben; die übersteigerte Wiedergabe des Kopfes oder der Gliedmaßen kann die Wirkung der Figur am Spielschirm beträchtlich erhöhen. Wichtig ist, daß der Kopf nicht zu klein gerät. Die unbeweglichen Figuren sollten in bewegter Haltung wiedergegeben werden, da sie sonst auf dem Spielschirm, insbesondere, wenn mehrere zu gleicher Zeit auftreten, zu starr wirken. Die Gliederung des Körpers im Umriß, Kleidungsmerkmale und Accessoires müssen deutlich betont werden, wenn sich scharf umrissene und gut erkennbare Schatten abzeichnen sollen. Die Beine läßt man auf einer etwa 1 cm breiten Bodenleiste stehen. Die aufgezeichnete Figur schneidet man an der Umrißlinie entlang aus, gut zugängliche Partien mit der Schere, sonst mit dem Messer. An die ausgeschnittene Figur wird ein Griff zum Führen angeklebt. Entweder schneidet man sich zwei gleich starke Pappstreifen, klebt sie zusammen und schiebt die Bodenleiste der Figur in den oberen Abschnitt ein; so hat sie beim Führen ausreichende Stabilität. Statt der Pappe kann man auch dünne Holzleisten als Haltestäbe verwenden. Die Leisten klebt man hinter die Figur und fixiert sie zusätzlich mit einem Streifen Leinenklebeband. Die Wirkung der einfachen Silhouettenfigur kann mit einigen kleinen Schnitten (Ausschneiden des Auges, Verlängern der Mundwinkel) oder Perforationen erhöht werden. Mit dem Nagel sticht man Schmucknähte oder Muster in die Kleidung, Perlenketten um Hals und Handgelenke. Es empfiehlt sich, die empfindlichen Stellen (schmale Stege, aufragender Kopfputz etc.) mit Pappstreifen oder Streichhölzern zu hinterkleben. Besonders dünne Teilstücke sollte man aus Draht oder mit Kleister versteifter Schnur fertigen und an den Figuren ankleben.

Bewegliche Figuren erhöhen den Reiz des Schattentheaters. Am einfachsten ist es, die Figuren mit einem beweglichen Arm oder Bein zu versehen. Man zeichnet die Figur genau so vor wie die unbeweglichen; beim Ausschneiden trennt man den über den Körperumriß herausragenden Teil des Armes bzw. Beines ab. Ein separat geschnittener Arm wird an der Gelenkstelle auf die Figur gelegt; am Befestigungspunkt durchsticht man Arm und Körper mit einer dicken Nadel und erweitert das Loch vorsichtig, bis man eine Musterklammer hindurchstecken kann. Die Löcher müssen ganz rund sein, weil sonst die Klammer sich verhaken kann und die Bewegungen ruckartig wirken. Statt der Musterklammern kann man als Verbindung auch Draht oder einen starken Faden nehmen. Bei der Verwendung von Draht muß man die beiden Enden rechts und links an der Figur zu kleinen Spiralen aufdrehen, der Faden ist ganz dicht über der Pappe zu verknoten.

Am beweglichen Körperteil befestigt man einen Führungsstab aus Eisendraht (Draht wirft weniger Schatten als ein Holzstab). Der Draht wird durch ein kleines Loch gesteckt, nach unten umgebogen und das kurze Ende drei-, viermal um das längere Stück gedreht. Der Führungsstab muß länger als der Haltestab sein, da sonst bei der Vorführung die Hand des Spielers über dem Bühnenrand sichtbar werden kann. Arme und Beine können am Ellenbogen bzw. Knie weitere bewegliche Gelenke erhalten. Der Führungsstab ist jedoch immer am Ende der Extremitäten befestigt. Die Beine brauchen nicht unbedingt einen eigenen Führungsstab; Schritt und Lauf können auch mit ruckartigen Bewegungen des Haltestabes markiert werden. In der gleichen Weise wie Arme und Beine lassen sich auch der Kopf oder bei Tierfiguren der Schwanz beweglich am Rumpf befestigen. Schlenkernde Bewegungen kann man durch Aufkleben von kleinen Pappstücken abbremsen.

Will man eine Figur mit vielen beweglichen Teilen ausstatten, so müssen zwei oder mehrere Teile zu einer Bewegungseinheit zusammengefaßt werden, damit die Figur dirigierbar bleibt. So kann man erreichen, daß bei einem Spaziergänger Arm und Bein gleichzeitig bewegt werden oder daß die Bewegung des Kopfes durch eine Geste des Armes unterstrichen wird. Als Brücke zwischen den beweglichen Teilen benötigt man einen oder mehrere Pappstreifen, die an den Einzelteilen befestigt werden. Zwei Arten der Koppelung sind möglich: die Parallel- und die Kreuzkoppelung. Bei der Parallelkoppelung läuft das Verbindungsstück gerade zwischen den beiden Fixierungspunkten. Durch Heben und Senken des Führungsstabes wird an beiden Gliedern die gleiche Bewegungsrichtung erzeugt; zum Beispiel beim Spaziergänger heben sich Arm und Bein gleichzeitig nach vorn. Bei der Kreuzkoppelung wird das Verbindungsstück diagonal zwischen den Gelenkpunkten der beiden Teile befestigt; hier wird beim Heben und Senken des Führungsstabes eine Gegenbewegung erzeugt, d. h., die beiden miteinander verbundenen Teile bewegen sich in entgegengesetzter Richtung; ein laufendes Pferd zum Beispiel bewegt gleichzeitig eine Vorderhand nach vorn, die Hinterhand jedoch nach hinten.

Schattenspielfiguren können so konstruiert werden, daß sie auf offener Bühne ihre Gestalt verwandeln. Zum Beispiel kann man den Hals einer Figur wachsen lassen. Die Figur wird aus zwei Teilen gefertigt: Zuerst schneidet man den Körper aus und klebt über den Oberkörper in Höhe des Halsansatzes und über dem Ansatz des Haltestabes je einen Pappriegel; dann schneidet man den Kopf mit einem sehr langen Hals aus und schiebt diesen so weit durch den Riegel, daß der Hals normale Länge hat. Damit der Kopf während des Spiels nicht heruntersackt, muß über der unteren Riegelkante ein Bremsstreifen aufgeklebt werden. Soll der Hals länger werden, so schiebt man ihn nach oben, und der Hals wächst. Man kann aber die Gestalt einer Schattenspielfigur auch vollkommen verwandeln. Dazu schneidet man zwei Figuren so, daß die eine Figur die andere völlig überdeckt. Die kleinere Figur wird mit einem Haltegriff ausgestattet. Nach dem Ausschneiden der beiden Figuren legt man sie mit den Fußteilen gegeneinander und verbindet sie nun mit einem Scharnier aus zwei Drahtringen oder einem breiten Leinenklebeband. Die größere Figur muß dabei so befestigt werden, daß sie beim Spiel zum Spieler zeigt. Der Führungsstab wird an der großen Figur befestigt. Während des Spiels wird die größere Figur nach unten umgeklappt; dann ist die kleinere sichtbar. Beim Hochklappen schluckt die größere Figur den Schatten der kleinen.

Gegenstände, die die Figuren mit sich führen, wie Spazierstöcke, Waffen und ähnliches, schneidet man separat aus und steckt sie durch einen an der Hand aufgeklebten Riegel. Will man die Figuren farbig gestalten, schneidet man Teile aus den Figuren mit dem Messer vorsichtig heraus und hinterlegt sie mit farbigem Transparentpapier.

Die Bühne

Für das Schattenspiel kann man mit viel oder wenig Aufwand an Zeit und Material verschiedene Spielflächen bauen.

Die schnelle Bühne
Material: ein Bettlaken, eine dunkle Decke oder Packpapier, doppelseitiges Klebeband, ein Tischchen oder Bügelbrett.

Als Bühnengerüst dient ein Türrahmen. Am Türrahmen befestigt man das Laken mit doppelseitigem Klebeband. Der Bereich des Spielers wird mit einer Decke oder Packpapier abgedeckt, das man mit doppelseitigem Klebeband an der Leinwand befestigt. Das Tischchen oder Bügelbrett steht vor dem abgedeckten Teil und dient als Ablage für die Figuren. Der Spieler muß darauf achten, sich nur im abgedeckten Bereich zu bewegen und keinen Schatten auf die Spielfläche zu werfen.

Die kleine Bühne

Material: 1 bis 2 große Bogen starker Pappe oder ein Verpackungskarton von Wasch- oder Spülmaschine, Transparentpapier, breites Leinenklebeband, Klebestreifen, eine Vierkantleiste 40×0,5×0,5 cm. Werkzeug: Teppichbodenmesser, Schere, Stahlwinkel mit langem Schenkel und ein einfaches Lineal oder ein Zollstock.

Zum Bühnenbau schneidet man sich drei Kartonplatten nach den angegebenen Maßen (s. Abb.) zurecht. Die Spielfläche wird mit scharfem Messer aus dem Mittelstück getrennt, dabei verlängert man in den Ecken die Schnittlinien ein wenig, damit keine Pappreste stehenbleiben. Zum Befestigen der Seitenflügel legt man alle drei Teile auf die Schauseite und preßt die seitlichen Platten fest gegen das Mittelstück; jetzt können die Teile mit dem Leinenklebeband miteinander verbunden werden. Als Spielschirm wird ein Bogen Transparentpapier an der Innenseite des Bühnenrahmens festgeklebt. Die Spielfläche soll in Breite und Höhe etwa um 2 cm über den Ausschnitt reichen (Maße für die Vorlage 42×32 cm).

Beim Bau einer Schattenbühne aus einem Packkarton trennt man Rückwand, Boden und Deckel ab, so daß nur die Frontseite und zwei Seitenteile stehenbleiben. Nach dem Ausschneiden der Spielfläche die Schnittkanten abdecken, da sonst die Lamellen der Wellpappe zu sehen sind. Nach der Montage des Spielschirmes bringt man parallel zur Unterkante die Vierkantleiste an, in die man vorher im Abstand von jeweils 2 cm Löcher gebohrt hat. In diese Löcher werden beim Spiel die Kulissen gesteckt. Die Front des Theaters kann man bemalen oder mit farbigem Karton bekleben.

Fig. 13 Die kleine Bühne

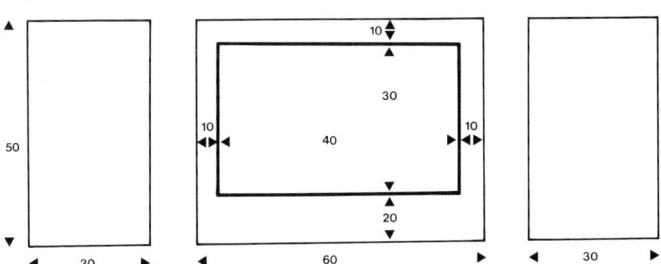

Die große Bühne

Material: eine dichte, lichtundurchlässige Stoffbahn 120/150 cm × 220 cm, zwei Rundhölzer von ca. 3 cm Durchmesser und je 154 cm Länge, Klettband, Holzleisten 264×3×1 cm, eine Vierkantleiste 70× 0,5×0,5 cm, 2 Schraubösen, Transparentpapier, Holzleim, Klebeband, Spannlack.

Fig. 14 Die große Bühne

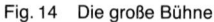

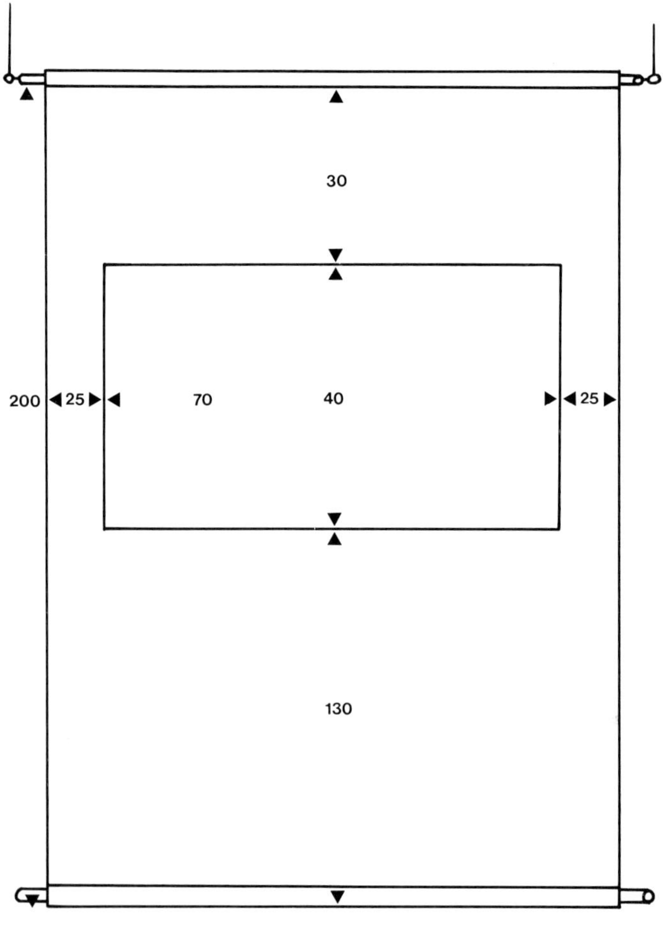

Die Stoffbahn näht man oben und unten 10 cm breit um, so daß man durch den Saum später die Rundhölzer schieben kann. Nun schneidet man (s. Abb.) die Spielfläche aus und säumt die Ränder (Nahtzugabe beachten). Zur Herstellung der Spielfläche baut man einen querformatigen Holzrahmen, dessen lichte Maße 40×70 cm betragen. Vor dem endgültigen Zusammenbau des Holzrahmens muß überprüft werden, ob die Rahmenkanten mit dem Ausschnitt in der Stoffbahn übereinstimmen. Oben und unten näht man nun über die ganze Breite der ausgeschnittenen Spielfläche das Klettband an und leimt die entsprechenden Gegenstücke am Holzrahmen fest. Über die Rückseite des Rahmens wird das Transparentpapier gespannt und befestigt. Sollte es sich nicht ganz glatt spannen lassen, wird es vorsichtig mit Spannlack überzogen. Die Vierkantleiste wird im Abstand von 2 cm durchbohrt und als Kulissenleiste mit der Unterkante des Spielschirmrahmens verleimt.

Zum Spielen werden die beiden Rundhölzer oben und unten durch den Schlauch geschoben. An die Enden des oberen Rundholzes werden Schraubösen eingedreht, damit man die ganze Bühne an zwei in der Zimmerdecke eingeschraubten Haken aufhängen kann. Der Spielschirm wird sorgfältig über den Ausschnitt in der Stoffbahn gebracht und die Klettbänder fest gegeneinandergedrückt. Jetzt ist die Bühne einsatzbereit.

Die mobile Minibühne

Material: ein Schuhkarton, Transparentpapier, Alleskleber, schwarzer Fotokarton und Zahnstocher für schnell zu fertigende Figuren.

Aus dem Boden des Schuhkartons wird die Spielfläche herausgeschnitten und mit Transparentpapier hinterlegt. Die kleinen Figuren werden aus schwarzem Fotokarton ausgeschnitten. Zum Führen klebt man Zahnstocher an die Figuren an, und schon kann die Vorstellung beginnen. An den kleinen Bühnen sollte man sich den unteren Bühnenrand als Aktionsebene deutlich markieren, damit die Figuren nicht plötzlich nur noch von den Knien an über die Kante herausragen oder auf dem Haltestab balancieren.

Kulissen

Die Kulissen werden wie die Figuren aus Pappe ausgeschnitten. Unten klebt man dünne Dübelhölzer an, damit man Häuser, Bäume usw. in die mit Löchern versehene Kulissenleiste stecken kann. Ganze Bühnenbilder und Schauplätze können mit Glasfarben auf Diagläser gemalt und auf die Spielfläche projiziert werden. Auch Diapositive lassen sich verwenden.

Spielanleitung

Lichtquelle kann eine Kerze oder eine elektrische Lampe sein. Kerzen geben ein schönes warmes Licht, sind aber beim Hantieren nicht ungefährlich. Die Lichtquelle sollte sich bei den kleinen Bühnen immer zwischen Spieler und Spielfläche befinden. Klare Glühlampen sind matten vorzuziehen, weil sie das Licht besser sammeln und die Schatten klarer herauskommen. Die Höhe muß so eingestellt werden, daß sie die ganze Spielfläche gleichmäßig ausleuchten. Sie sollte in der Höhe auf die Mitte der Figuren ausgerichtet sein. Liegt die Lichtquelle zu hoch oder zu tief, verzerren sich die Schatten. Um verschiedene Stimmungen zu erzeugen, kann man Vorsätze aus farbigem Transparentpapier vor die Lichtquelle montieren (zum Beispiel dunkelblaues Papier für »Nacht«).

Alle Angaben zur Herstellung der Figuren, zum Bau der Bühne und zur Spielanleitung sind als erster Anstoß für eine intensivere Beschäftigung mit dem Schattenspiel zu verstehen. Weitere Anregungen findet der Interessierte in den im Literaturverzeichnis (S. 194 ff.) aufgeführten Publikationen von Blochmann, Cordes, Paerl und Weismantel. Die Hobbythek des NDR hat im September 1983 eine Folge zum Thema Schattenspiel gesendet und die Anleitungen dazu in den »Hobbytips« Nr. 99 veröffentlicht (erhältlich bei der NDR-Hobbythek, 2000 Hamburg 100). Auch Techniken des außereuropäischen Schattenspiels lassen sich in die eigene Praxis einbeziehen. Das Experimentieren mit bewegten Schatten wird dem Sammler und interessierten Betrachter sicher ein neues und lebendiges Verständnis der Schattenspielfiguren vermitteln.

76 Deutschland: Schlußbild. Pappe, 36 × 46,2 cm. Nach 1900. Theatermuseum d. Inst. f. Theaterwissenschaft d. Universität Köln

Museen mit Sammlungen von Schattenspielfiguren

Bundesrepublik Deutschland

Museum für Deutsche Volkskunde
Staatl. Museen Preuß. Kulturbesitz
Im Winkel 6–8
1000 Berlin 33

Museum für Völkerkunde
Staatl. Museen Preuß. Kulturbesitz
Lansstraße 8
1000 Berlin 33

Übersee-Museum Bremen
Bahnhofplatz 13
2800 Bremen

Museum für Völkerkunde
Schaumainkai 29
6000 Frankfurt/M.

Museum für Völkerkunde
Gerberau 32
7800 Freiburg i. Br.

Hamburgisches Museum für Völkerkunde
Binderstraße 14
2000 Hamburg 13

Niedersächsisches Landesmuseum
Am Maschpark 5
3000 Hannover

Völkerkunde-Museum
der J. u. E. Portheim-Stiftung
Hauptstraße 235
6900 Heidelberg

Rautenstrauch-Joest-Museum
für Völkerkunde
Ubierring 45
5000 Köln 1

Theatermuseum des Instituts
für Theaterwissenschaft
der Universität Köln
Schloß Wahn
5000 Köln 90

Schattenspielfiguren-Sammlung
Dr. Max Bührmann
Gersbeueler Straße 14
5880 Lüdenscheid

Münchner Stadtmuseum
Puppentheatermuseum
St.-Jakobs-Platz 1
8000 München 2

Staatl. Museum für Völkerkunde
Maximilianstraße 42
8000 München 22

Deutsches Ledermuseum
Frankfurter Straße 86
6050 Offenbach

Linden-Museum
Hegelplatz 1
7000 Stuttgart 1

Deutsche Demokratische Republik

Museum für Völkerkunde
Täubchenweg 2
7010 Leipzig

Puppentheatersammlung
Barkengasse 6
8122 Radebeul

Frankreich

Musée National des Arts
et Traditions Populaires
6, route du Mahatma Gandhi
75116 Paris

Musée de l'Homme
Place du Trocadéro
75016 Paris

Großbritannien

British Museum
Great Russel Street
London WC 1

Pollock's Toy Museum
1, Scala St.
London W 1

Victoria and Albert Museum
South Kensington
London SW 7

Niederlande

Tropenmuseum
Mauritskade 63
1092 Amsterdam

Nederlands Theater Instituut
Herengracht 166–168
1016 Amsterdam

Museum voor het Poppenspel
Nassau Dillenburgstraat 8
2000 Den Haag

Rijksmuseum voor Volkenkunde
Steenstraat 1
2300 Leiden

Museum voor Land- en Volkenkunde
Willemskade 25 a/b
3016 Rotterdam

Nederlands Museum van Knipkunst
v. Weezelplein 16
9431 Westerbork

Österreich

Museum für Völkerkunde
Neue Hofburg/Heldenplatz
Wien

Schweiz

Museum für Völkerkunde
und Schweiz. Museum für Volkskunde
Augustinergasse 2
4001 Basel

Musée d'Ethnographie
65–67, Bd. Carl Vogt
1205 Genf

Schattentheater

Märchentheater BATEK & BATEK
Alte Vogtei
5909 Burbach

Compagnie AMOROS et AUGUSTIN
19, rue Déserte
67000 Strasbourg

Die Verbreitung des Schattenspiels ▷

China
Nordafrika
Indien
Indonesien

Malaysia
Borneo
Sumatra
Java
Madura
Bali
Lombok
javanisches Schattentheater
balinesisches Schattentheater

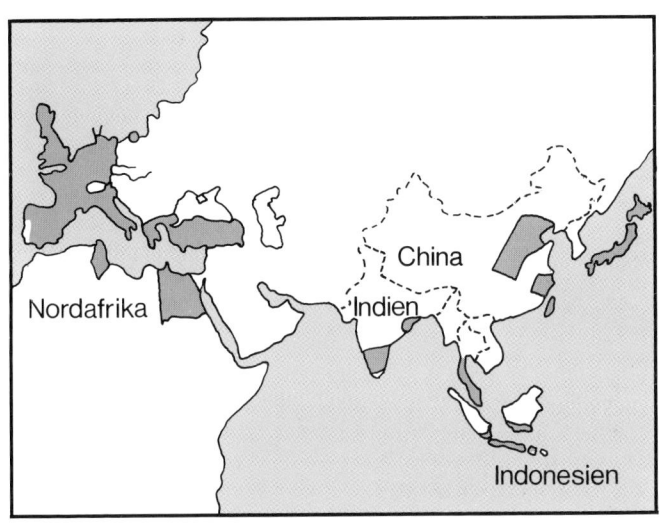

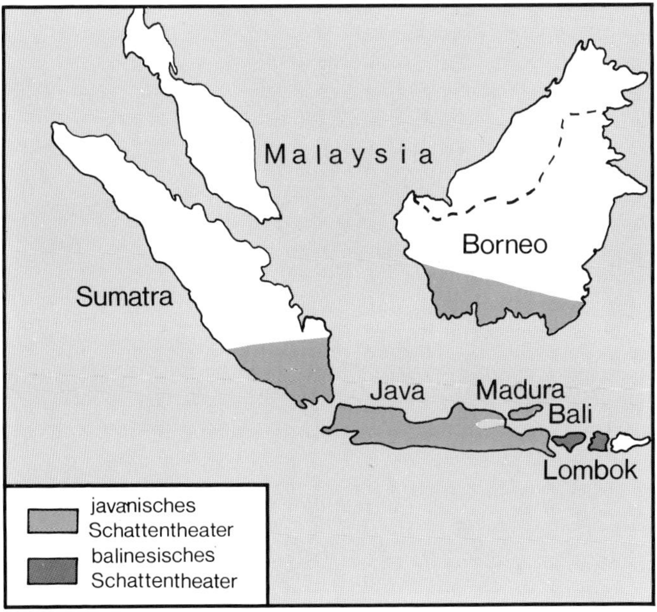

Literaturhinweise

And, Metin: A history of theatre and popular entertainment in Turkey, Ankara 1975

Beaumont, Cyril: Puppets and puppetry, London 1958

Bezemer, T. J.: Over de oorsprong en de beteekenis van de wajang, in: Kol. Tijdschrift 17, 1928

Blackham, O.: Shadow puppets, London 1960

Blochmann, Annemarie: Schattentheater, Ravensburg o. J.

Böhmer, Günter: Puppentheater, München 1977

Boehn, Max von: Puppenspiele, Bd. 2, München 1929

Bordat, Denis/Boucrot, François: Les théâtres d'ombres, Paris 1956

Bowers, F.: Theatre in the East, New York 1956

Brandon, James R.: Theatre Southeast-Asia, Cambridge Mass. 1967

Brunet, Jacques: Wayang kulit aus Kelantan, Berlin o. J.

Bührmann, Max: Das farbige Schattenspiel, Bern 1955

Bührmann, Max: Ying Hsi, Das chinesische Schattenspiel, in: Ethnol. Zeitschrift Zürich II, Zürich 1972

Bulthuis, Rico: Geschiedenis van het schimmenspel, in: Nederland, Amsterdam 1970

Chen Lin-Jui: Chinese shadow plays, in: China reconstructs, Bd. 3, Peking 1954

Coenen, Joop: Schimmenspel, Den Haag 1959

Cordes, Margarethe: Das Schattenspiel, Rothenburg a. d. Fulda o. J.

Cordes, Margarethe: Die Technik des Schattenspiels mit beweglichen Figuren, Weinheim o. J.

Cousins, J. H.: Dance Drama and Shadow-Play, in: The Arts and Crafts of Tsavancore by St. Kramish, London 1948

Cuisinier, Jeanne: Le théâtre d'ombres à Kelantan, Paris 1957

Currel, David: The complete book of puppetry, London 1974

Dülberg, Franz: Bühnensilhouetten. Schwabinger Schattenspiele, in: Zeitschrift für Bildende Kunst, 1908

Eberhardt, Hugo: Spiel der leuchtenden Schatten, in: Westermanns Monatshefte 12, 56, Braunschweig 1956

Eudel, Paul: Les ombres chinoises de mon père, Paris 1885

Fulda, Friedrich W.: Schattenspiele. Erfahrungen und Anregungen, Rudolfstadt 1923

Goslings, B. M.: De wayang op Java en Bali, Amsterdam 1939

Gronemann, J.: Das Meißeln der ledernen Wajang-Puppen der Javaner in den Vorstenlanden, in: Int. Archiv für Ethnographie, Bd. 21, Berlin 1913

Grube, Wilhelm/Krebs, Emil/Laufer, Bernhard: Chinesische Schattenspiele, in: Abhandlungen der Kgl. Bayer. Akad. d. Wissenschaften. Bd. 28, München 1915

Harding, Stan: The Ramayana Shadow-Play in India, in: Asia, New York 1935

Harzeu, G. A. J.: Bijdragen tot de kennis van het Javannsche tonell, Leiden 1897

Helfritz, Hans: Indonesien, Köln 1981

Heins, E.: Wajang kulit. Het schimmenspel van Java, Indonesie, Amsterdam 1973

Hinz, H. I. R.: Wajang op Bali, o. O. 1975

Hejzlar, Josef: The magic of coloured shadows, in: New Orient 2, Prag 1967

Hirth, F.: Das Schattenspiel der Chinesen, Budapest 1900

Höpfner, Gerd: Südostasiatische Schattenspiele, Berlin 1967

Hoernerbach, Wilhelm: Das nordafrikanische Schattentheater, Mainz 1959

Höver, O.: Javanische Schattenspiele, Leipzig 1923

Holt, Claire: Art in Indonesia, New York 1967

Hooykaas, C.: The Function of the Dalang, in: Akten des 24. Int. Orientalistenkongresses, München 1957

Hooykaas, C.: Kama and Kala, Amsterdam 1973

Horsten, E.: Das indonesische Theater, in: H. Kindermann, Fernöstliches Theater, Stuttgart 1966

Immoos, Thomas: Schattentheater, Zürich 1979

Iyer, K. B.: Shadow Plays in Malabar, in: Marg, A Magazine of Arts, Bd. 21, No. 3, Bombay 1968

Jacob, Georg: Das türkische Schattentheater, Berlin 1900

Jacob, Georg: Das Schattentheater in seiner Wanderung vom Morgenland zum Abendland, Berlin 1901

Jacob, Georg: Geschichte des Schattentheaters im Morgen- und Abendland, Hannover 1925

Jacob, Georg: Neue Studien über das chinesische Schattentheater auf Grund der Neuerwerbungen in Offenbach und Hamburg, Kiel 1933

Jacob, Georg/Jensen, H./Losch, H.: Das indische Schattentheater, Stuttgart 1931

Jacob, Georg/Jensen, H.: Das chinesische Schattentheater, Stuttgart 1933

Jeanne, Paul: Les théâtres d'ombres à Montmartre de 1887 à 1923, Paris 1937

Jeanneret, Alain: Schattenspiele, Führer durch das Museum für Völkerkunde Basel, Basel 1967

Jeanneret, Alain: Le théâtre d'ombres en orient, Basel 1969

Juynboll, H. H.: Wajang kelitik oder kerutjil, in: Int. Archiv für Ethnographie, Bd. 13, Leiden 1900

Juynboll, H. H.: Katalog des Ethnograph. Reichsmuseums Leiden, Bd. 13, Leiden 1918

Kahle, Paul: Zur Geschichte des arabischen Schattentheaters in Egypten, Leipzig 1909

Kahle, Paul: Das islamische Schattentheater in Ägypten, in: Orientalisches Archiv, Jg. 3, 1913

Kahle, Paul: Der Leuchtturm von Alexandrien, Stuttgart 1930

Kats, J.: Het Javaansche Toneel, I Wajang Poerwa, Weltevreden 1923

Kern, Friedrich: Das ägyptische Schattentheater, Berlin 1905

Krafft, Ludwig: Schattenspiel aus Szetschuan, München 1964

Luschan, Felix: Das türkische Schattenspiel, in: Int. Archiv für Ethnographie, Bd. 2, Berlin 1889

Martinovitch, N. N.: The Turkish Theatre, New York/London 1968

Mellema, R. L.: Wajang puppets, Amsterdam 1954

Menzel, Theodor: Meddah, Schattentheater und Orta Oyunnu, Prag 1941

Müller, F. W. R.: Nang, Siamesische Schattenspielfiguren im Kgl. Museum für Völkerkunde zu Berlin, in: Suppl. Int. Archiv für Ethnographie, Bd. 7, Berlin 1894

Neuville, Lemercier de: Ombres chinoises, Paris 1911

Paerl, Hetty: Schattenspiel und das Spielen mit Silhouetten, Frankfurt a. M./Wien 1981

Pink-Wilpert, Clara B.: Das Indonesische Schattentheater, Baden-Baden 1976

Rassers, W. H.: Over de oorsprong van het Javaansche Toneel, in: Bijdragen Taal-, Land- en Volkenkunde, Deel 88, S'Gravenhage 1931

Ritter, Helmut: Karagös, Türkische Schattenspiele, Hannover 1924, Neuauflage Wiesbaden 1953

Scott-Kemball, Jeune: Javanese Shadow Puppets, London 1970

Seltmann, Friedrich: Schattenspiel in Mysore und Andhra Prades, in: Bijdragen Taal-, Land- en Volkenkunde, Deel 127, S'Gravenhage 1971

Seltmann, Friedrich: Schattenspiel in Kerala, in: Bijdragen Taal-, Land- en Volkenkunde, Deel 128, S'Gravenhage 1972

Spies, Otto: Tunesisches Schattentheater, in: Festschrift für P. W. Schmidt, Wien 1928

Spitzing, Günter: Das indonesische Schattenspiel, Köln 1981

Sweeny, Amin: Malay shadow puppets, London 1972

Tietze, Andreas: The Turkish Shadow Theatre and the Puppet Collection of the L. A. Mayer Memorial Foundation, Berlin 1977

Velder, Chr.: Der Kampf der Götter und Dämonen, Schweinfurt 1963

Wagner, Frits: Indonesien, Kunst der Welt, Baden-Baden 1959

Wang Sün: Das Pekinger Schattenspiel, Peking 1953

Weismantel, Leo: Schattenspielbuch, Augsburg 1930

Wilpert, Clara B.: Schattentheater, Wegweiser zur Völkerkunde, Museum für Völkerkunde Hamburg, Hamburg 1973

Wilpert, Clara B.: Götter und Dämonen, Dortmund 1980

Yupho, D.: Classical Siamese Theatre, Bangkok 1952

Glossar

Barong Figur im indon. Schattenspiel, Schatten von → Semar.
Belengtjong Öllampe beim javan. Schattenspiel.
Berjamu malays., Fest der Geister.
Buta indon., Riesen, Dämonen.
Caranan/Caran Possenreißer im ind. Schattenspiel, »der Spion«, Partner des → Sukha.
Chayanataka ind. Schattenspiel.
Commedia dell'arte im 16. Jh. in Italien entstandene Stegreifkomödie.
Dalang Spieler und Interpret des jav., bal. und malays. Schatten- und Figurentheaters.
Damar Öllampe beim bal. Schattenspiel.
Dhoti ind., Beinkleidung für Männer, aus einer weißen Leinwandbahn gewickelt.
Dodot indon., Hüfttuch.
Firdöndü türk., Drehgelenk zum Befestigen von Führungsstäben aus Draht.
Fasil Haupthandlung im türk. Schattenspiel.
Gamelan jav./bal., Orchester.
Garuda Riesenvogel in der hinduistischen jav. Mythologie.
Gazel Gedicht im türk. Schattenspiel, mit dem Hacivad sich vorstellt.
Gedebog (jav.)/**Gedebong** (bal.) Stamm der Bananenstaude; dient als Halt für die Schattenspielfiguren.
Gel-geç muhaveresi im türk. Schattenspiel Auf- und Abgangswechselrede zwischen Karagös und Hacivad.

Göstermelik türk., Schattenbild, das vor Beginn der Vorstellung am Spielschirm befestigt wird.
Gunungan jav., Schattenspiel des Himmelsbaumes, Symbol für Berg, Baum, Feuer; Pausenzeichen.
Hacivad Figur im türk. Schattenspiel, Freund des Karagös.
Hayal agaci türk. »Puppenbaum«, y-förmige Stützstäbe dienen zur Ablage der Führungsstäbe bei Massenszenen im türk. Schattenspiel.
Ibn Batuta arabischer Kaufmann und Forschungsreisender (1304–1368/69 oder 1377).
Ibn Danijal ägypt. Arzt († 1311), Verfasser von drei Schattenspielen.
Karaghiosis griech. Version des türk. Schattenspiels, Name der Hauptfigur.
Karagödschi türk., Eigentümer und Spieler des Schattentheaters.
Karagös/Karagöz türk. »Schwarzauge«, Hauptfigur des nach ihm benannten Schattenspiels.
Karagös oyunu türk., Karagös-Aufführung.
Karaguz/Karakum tunes. Version des türk. Schattenspiels.
Kathakali Tanzdrama im ind. Bundestaat Kerala; Maskentänzer stellen Szenen aus dem Mahabharata und Ramayana dar.
Kawi Altjavanisch.
Kayon/Kayonan bal., Schattenbild des Himmelsbaumes, Pausenzeichen.
Kemal Atatürk türk. Staatspräsident und Reformer des alten Feudalstaates (1881–1938).
Kempala im jav./bal. Schattenspiel kleine hölzerne Schlegel, mit denen der Dalang gegen die Figurenkiste klopft, um das Orchester zu leiten.
Kelir Spielschirm des jav. und malays. Schattenspieltheaters.
Khon Phuk Rezitator im thail. Schattenspiel Nang talung.
Konanki Possenreißer aus dem Kathakali.
Koprak/Kotak bal., jav., malays., Holzkiste zum Aufbewahren der Schattenspielfiguren.
Kris malays., Dolch.
Kuttu madam festes Gebäude für Schattenspiele im ind. Bundesstaat Kerala.
Lakon indon., Theaterstück, Drama.
Mahabharata ind. Epos in 100 000 Doppelversen; s. S. 108 ff.

Muhavere Vorspiel im türk. Schattenspiel, Dialog zwischen den Hauptfiguren Karagös und Hacivad; ara muhaveresi: gelegentliche Ergänzung des Vorspiels.

Mukaddeme einführender Prolog im türk. Schattenspiel.

Naga Riesenschlange in der hinduistischen jav. Mythologie.

Nakali sundari Tänzerin, weiblicher Spaßmacher im ind. Schattentheater.

Nalagareng Figur im indon. Schattenspiel, Sohn des Semar.

Nang luong s. Nang yai.

Nang nai thail. Spielführer und Organisator des → Nang yai; ist selten aktiv am Spiel beteiligt; Spieler und Interpret beim → Nang talung.

Nang ram / Nang raban thail. Figurenspiel mit Tageslichtfiguren, Nebenform des → Nang yai.

Nang talung thail. Schattenspiel mit Einzelfiguren aus Leder.

Nang yai thail. Schattenspiel mit großen Lederbildern.

Ombres chinoises franz. »Chinesische Schatten«, ab 1770 in Europa Bezeichnung für Schattenfiguren und Schattenspiel.

Ottam / Ottan Possenreißerpaar im ind. Schattenspiel (Mysore und Andhra Prades), → Caranan und → Sukha.

Pak Dogol Spaßmacher im malays. Schattenspiel.

Panakawa Diener- und Spaßmacherfiguren im jav. Schattenspiel.

Panggon malays., provisorische Schattenspielhütte.

Pattar Kommentatoren und Spaßmacher im ind. Schattentheater (Kerala).

Pelita malays., Petroleum- oder Petromaxlampe für das Schattenspiel.

Petruk Figur im indon. Schattenspiel, Sohn des → Semar.

Pi ying xi chines. Schattentheater.

Pohon beringin malays. Schattenbild; Symbol für Gebirge, Wald, Höhle; Pausenzeichen.

Puja hinduistische Zeremonie mit Opfergaben und Gebeten.

Raga ind., Musikstück / Melodie mit bestimmtem Ausdrucksgehalt; Begleitmusik im Schattenspiel.

Ramadan türk. Ramasan; der neunte Monat des mohammedanischen Mondjahres mit Fastengebot von Sonnenaufgang bis Sonnenuntergang.

Ramakien thail. Version des → Ramayana.

Ramayana ind. Epos in 24 000 Doppelversen, s. S. 108 ff.

Rites de passage Zeremonien bei bestimmten Veränderungen im Leben eines Menschen (Geburt, Reife, Heirat, Tod).

Salis, Rodolphe Inhaber des Künstlerkabaretts »Chat noir« in Paris, das 1886 durch seine Schattenspielinszenierungen berühmt wurde.

Sanskrit klassische altindische Hochsprache für Literatur und Wissenschaft.

Sarong/Sarung indon., eng gewickelter Frauenrock.

Satra Miruda/Serat Centini jav., Handbücher mit kurzen Spielanleitungen und »Dienstvorschriften« für den Dalang.

Semar Figur im indon. Schattentheater, Spaßmacher, Ratgeber und Diener der Helden im → Mahabharata und → Ramayana.

Séraphin eigentl. François Séraphin Dominique (1747–1800), Schauspieler und Begründer des Schattentheaters Séraphin in Paris.

Seyhi Küsteri Berater des türk. Sultans Orhan; der Sage nach Erfinder des → Karagös, Schutzpatron der Schattenspieler.

Sukha/Sukham Possenreißer im ind. Schattenspiel, »der Vergnügenbereiter«, Partner des → Caranan.

Tandu Haltebrett für Öllampen im ind. Schattentheater (Kerala).

Trasvirci türk., Hersteller von Schattenspielfiguren.

Tira/Tuni Spielschirm im ind. Schattentheater (Kerala).

Vidusaka männlicher Possenreißer im ind. Schattentheater (Mysore und Andhra Prades).

Vidusaki weiblicher Spaßmacher, Tänzerin im ind. Schattentheater (Mysore und Andhra Prades).

Wak Long malays., Spaßmacher im Schattenspiel.

Wayang indon., Sammelbegriff für Figuren- und Menschentheater.

Wayang Adam Ma'rifat jav. Schattenspiele der gleichnamigen Sekte zur Propagierung ihres Glaubens.

Wayang beber jav., Vorführung mit Rollbildern und erläuternden Texten.

Wayang bedog/lemah bal. Schattenspielaufführung ohne Zuschauer zu Ehren der Götter und zur Sicherung der magischen Kräfte.

Wayang Calonarang bal. Schattenspiel, benannt nach der Hexe Calonarang.

Wayang cupak bal. Schattenspiel, Geschichte zweier feindlicher Brüder.

Wayang gedok traditionelles jav. Schattenspiel mit historischen Inhalten.

Wayang golek jav. Figurenspiel mit vollplastischen Stabpuppen.

Wayang java jav. Schattenspiel; Themen aus dem Java-Krieg (1825–1830).

Wayang kelitik / kerutjil jav. Figurenspiel mit flachreliefierten Holzpuppen.

Wayang kulit indon. Schattenspiel mit flachen Lederfiguren.

Wayang madja jav. Schattenspiele nach Erzählungen des Dichters Ranggawarsita (19. Jh.).

Wayang purwa indon. Schattenspiel; javanisierte Themen aus dem → Mahabharata und → Ramayana.

Wayang sasak jav. Schattenspiel aus Lombok mit Themen aus der islamischen Geschichte.

Wayang siam Form des südthail. und nordmalays. Schattenspiels.

Wayang sulu jav. Schattenspiel mit Themen aus den Unabhängigkeitskriegen gegen die Niederländer.

Wayang topeng jav., bal. Tanztheater; die Tänzer tragen Masken.

Wayang wahja / katolik jav. religiöses Schattenspiel mit Themen aus dem alten und neuen Testament.

Wayang wong jav., bal. Tanztheater zu Episoden aus dem → Mahabharata und → Ramayana.

Zenna Name für alle weiblichen Figuren im türk..Schattentheater.

Abbildungsnachweis

Farb- und Schwarzweißfotos:

Deutsches Ledermuseum, Offenbach/M.   Farbt. 1–4, 9–13, 21–28; Frontispiz; Abb. 1, 52.

Museum für Völkerkunde, Frankfurt/M.   Farbt. 14–20.

Staatliche Museen Preußischer Kulturbesitz, Museum für Völkerkunde, Berlin (West)   Farbt. 5–8; Abb. 10–41.

Theatermuseum des Instituts für Theaterwissenschaft der Universität Köln   Abb. 2–9, 42–51, 53–76.

Zeichnungen:

Fig. 3 wurde reproduziert nach: Jacob G.: Geschichte des Schattentheaters im Morgen- und Abendland, Hannover 1925.

Fig. 6, 7a u. b, 9, 12 wurden mit freundlicher Genehmigung reproduziert aus dem Ausstellungskatalog »Schattentheater« (hrsg. v. Clara B. Wilpert), Museum für Völkerkunde, Hamburg 1973.

Alle übrigen Zeichnungen sowie die Karten wurden nach Vorlagen des Autors angefertigt.

Das indonesische Schattenspiel
Bali – Java – Lombok

Von Günter Spitzing. 236 Seiten mit 8 farbigen und 115 einfarbigen Abbildungen und Zeichnungen, Literaturhinweisen, Glossar, Übersichtskarte über die Verbreitung des Schattenspiels sowie einer vergleichenden Karte über die Gemeinsamkeiten und Unterschiede der Figuren auf Bali, Java und Lombok; Register (DuMont Taschenbücher, Band 110)

»Das Spiel der Schatten, ihre Geschichte, ihren kultischen Hintergrund, aber auch die gegenwärtige Praxis beschreibt Günter Spitzing im vorliegenden Taschenbuch. Der Autor ist vom Wayang Kulit begeistert und gefangen. Das spürt man immer wieder, und das macht das Buch – abgesehen von den soliden Informationen – so sympathisch.« *Die Welt*

Puppen & Theater
Herstellung – Gestaltung – Spiel
Hand- und Stockpuppen, Flach- und Schattenfiguren, Marionetten und Masken

Von Kurt Schreiber. 275 Seiten mit 23 farbigen und 120 einfarbigen Abbildungen und Zeichnungen, Anmerkungen, kleinem Lexikon der Fachbegriffe, Literaturhinweisen, Verzeichnis der Institutionen, Fachverbände und deutschen Puppentheatern (DuMont Taschenbücher, Band 94)

»Die einzelnen Kapitel befassen sich unter anderem mit Fragen nach dem Wesen des Puppentheaters, gestalterischen Wegen, praktischen Anwendungen der Gestaltungsprinzipien, Spielaufführungen und der historischen Entwicklung. Der gelungene fotografische Teil trägt sehr zur bildlich-sinnlichen Erfassung des Puppentheaters bei.« *Wiesbadener Tagblatt*

DuMont Taschenbücher
Stand Frühjahr '84

Band 2
Horst W. und Dora Jane Janson
Malerei unserer Welt

Band 3
August Macke – Die Tunisreise

Band 4   Uwe M. Schneede
René Magritte

Band 6   Karin Thomas
DuMont's kleines Sachwörterbuch zur Kunst des 20. Jahrhunderts

Band 8   Christian Geelhaar
Paul Klee

Band 12   José Pierre
Du Mont's kleines Lexikon des Surrealismus

Band 13   Joseph-Émile Muller
DuMont's kleines Lexikon des Expressionismus

Band 14   Jens Christian Jensen
Caspar David Friedrich

Band 15   Heijo Klein
DuMont's kleines Sachwörterbuch der Drucktechnik und grafischen Kunst

Band 17   André Stoll
Asterix – das Trivialepos Frankreichs

Band 18   Horst Richter
Geschichte der Malerei im 20. Jahrhundert

Band 22   Wolfgang Brückner
Elfenreigen – Hochzeitstraum

Band 23   Horst Keller
Marc Chagall

Band 25   Gabriele Sterner
Jugendstil

Band 26   Jens Christian Jensen
Carl Spitzweg

Band 27   Oto Bihalji-Merin
Die Malerei der Naiven

Band 29
Herbert Alexander Stützer
Die Etrusker und ihre Welt

Band 30
Johannes Pawlik (Hrsg.)
Malen lernen

Band 31   Jean Selz
DuMont's kleines Lexikon des Impressionismus

Band 32   Uwe M. Schneede
George Grosz

Band 33
Erwin Panofsky
Sinn und Deutung in der bildenden Kunst

Band 35   Evert van Uitert
Vincent van Gogh

Band 38   Ingeborg Tetzlaff
Romanische Kapitelle in Frankreich

Band 39   Joost Elffers (Hrsg.)
DuMont's Kopfzerbrecher
TANGRAM

Band 41   Heinrich Wiegand Petzet
Heinrich Vogeler – Zeichnungen

Band 43   Karl Heinz Krons
Gestalten mit Papier

Band 44   Fritz Baumgart
DuMont's kleines Sachlexikon der Architektur

Band 45   Jens Christian Jensen
Philipp Otto Runge

Band 47   Paul Vogt
Der Blaue Reiter

Band 48   Hans H. Hofstätter
Aubrey Beardsley – Zeichnungen

Band 50
Conrad Fiedler
Schriften über Kunst

Band 52   Jörg Krichbaum /
Rein A. Zondergeld
DuMont's kleines Lexikon der Phantastischen Malerei

Band 54
Karin Thomas/Gerd de Vries
DuMont's Künstler-Lexikon von 1945 bis zur Gegenwart

Band 55   Kurt Schreiner
Kreatives Arbeiten mit Textilien

Band 56   Ingeborg Tetzlaff
Romanische Portale in Frankreich

Band 57   Götz Adriani
Toulouse-Lautrec und das Paris um 1900

Band 58   Hugo Schöttle
DuMont's Lexikon der Fotografie

Band 59   Hugo Munsterberg
Zen-Kunst

Band 60   Hans H. Hofstätter
Gustave Moreau

Band 61
Martin Schuster/Horst Beisl
Kunst-Psychologie

Band 63   Hans Neuhaus
Werken mit Ton

Band 65   Harald Küppers
Das Grundgesetz der Farbenlehre

Band 66
Sam Loyd/Martin Gardner (Hrsg.)
Mathematische Rätsel und Spiele
Hrsg. von Martin Gardner

Band 67   Fritz Baumgart
»Blumen-Brueghel«

Band 68   Jörg Krichbaum
Albrecht Altdorfer

Band 69   Erich Burger
Norwegische Stabkirchen

Band 70   **Ernst H. Gombrich**
Kunst und Fortschritt

Band 71   José Pierre
DuMont's kleines Lexikon der Pop Art

Band 72   Michael Schuyt/
Joost Elffers/Peter Ferger
Rudolf Steiner und seine Architektur

Band 73   Gabriele Sterner
Barcelona: Antoni Gaudi

Band 74   Eckart Kleßmann
Die deutsche Romantik

Band 77   Wolfgang Hainke
Siebdruck

Band 78   Wilhelm Rüdiger
Die gotische Kathedrale

Band 79   Otto Kallir
Grandma Moses

Band 80   Rainer Wick/
Astrid Wick-Kmoch (Hrsg.)
Kunst-Soziologie

Band 81   Klaus Fischer
Erotik und Askese in Kult und Kunst der Inder

Band 83
Ekkehard Kaemmerling (Hrsg.)
Bildende Kunst als Zeichensystem 1

Band 84   Hermann Leber
Plastisches Gestalten

Band 85
Sam Loyd/Martin Gardner (Hrsg.)
Noch mehr Mathematische Rätsel und Spiele

Band 87   Hans Giffhorn
Kritik der Kunstpädagogik

Band 88   Thomas Walters (Hrsg.)/
Gabriele Sterner
Jugendstil-Graphik

Band 89   Ingeborg Tetzlaff
Griechische Vasenbilder

Band 90 **Ernesto Grassi**
Die Theorie des Schönen in der Antike

Band 91 Hermann Leber
Aquarellieren lernen

Band 93
Joost Elffers / Michael Schuyt
Das Hexenspiel

Band 94 Kurt Schreiner
Puppen & Theater

Band 95 Karl Hennig
Japanische Gartenkunst

Band 96 Hans Gotthard Vierhuff
Die Neue Sachlichkeit

Band 98 Karl Clausberg
Kosmische Visionen

Band 99 Bernd Fischer
Wasserburgen im Münsterland

Band 100 Peter-T. Schulz
Der olle Hansen und seine Stimmungen

Band 101 Felix Freier
Fotografieren lernen – Sehen lernen

Band 102 Doris Vogel-Köhn
Rembrandts Kinderzeichnungen

Band 103 **Kurt Badt**
Die Farbenlehre van Goghs

Band 104 Wilfried Hansmann
Die Apokalypse von Angers

Band 105 Rolf Hellmut Foerster
Das Barock-Schloß

Band 106 Martin Gardner
Mathematik und Magie

Band 107 Joost Elffers /
Michael Schuyt / Fred Leeman
Anamorphosen

Band 108 Götz Adriani /
Winfried Konnertz / Karin Thomas
Joseph Beuys

Band 109 Bernd Fischer
Hanse-Städte

Band 110 Günter Spitzing
Das indonesische Schattenspiel

Band 111 Gerd Presler
L'Art Brut

Band 112 Alexander Adrion
Die Kunst zu zaubern

Band 113 **Jan Bialostocki**
Stil und Ikonographie

Band 114 Peter-T. Schulz
Der Kuckuck und der Esel

Band 115 Angelika Hofmann
Ton

Band 116 Sara Champion
DuMont's Lexikon archäologischer Fachbegriffe und Techniken

Band 117 **Rosario Assunto**
Die Theorie des Schönen im Mittelalter

Band 118
Michael Rain / Robert Polin
Wie man besser flippert

Band 119 Joachim Petsch
Geschichte des Auto-Design

Band 120 Gabriele Grünebaum
Buntpapier

Band 121 Renate Berger
Malerinnen auf dem Weg ins 20. Jahrhundert

Band 122 Horst Schmidt-Brümmer
Wandmalerei zwischen Reklamekunst, Phantasie und Protest

Band 123 Fritz Winzer
DuMont's Lexikon der Möbelkunde

Band 124 Walter Dohmen
Die Lithographie

Band 125 Ulrich Vielmuth /
Pierre Kandorfer (Hrsg.)
Fachwort-Lexikon
Film · Fernsehen · Video

Band 126 Christian Kellerer
Der Sprung ins Leere

Band 127   Peter-T. Schulz
Rapunzel

Band 128   Lu Bro
Wie lerne ich Zeichnen

Band 129   Manfred Koch-Hillebrecht
Die moderne Kunst

Band 130
Bettina Gruber / Maria Vedder
**DuMont's Handbuch der
Video-Praxis**

Band 131
Anneliese und Peter Keilhauer
Die Bildsprache des Hinduismus

Band 132   Reinhard Merker
**Die bildenden Künste im
Nationalsozialismus**

Band 133
Barbara Salberg-Steinhardt
Die Schrift:
Geschichte – Gestaltung –
Anwendung

Band 134   Götz Pochat
**Der Symbolbegriff in der Ästhetik
und Kunstwissenschaft**

Band 135   Karlheinz Schüssler
Die ägyptischen Pyramiden

Band 136   Rainer Harjes
**Handbuch zur Praxis des
Freien Theaters**

Band 137   Nikolaus Pevsner
Wegbereiter moderner Formgebung

Band 139   Peter-T. Schulz
Guten Tag! Eine Gulliver-Geschichte

Band 140   Horst Schmidt-Brümmer
Alternative Architektur

Band 141   Herbert Alexander Stützer
**Die Kunst der römischen
Katakomben**

Band 142   Rudolf Wittkower
**Allegorie und der Wandel der
Symbole in Antike und Renaissance**

Band 143   Martin Warnke (Hrsg.)
Politische Architektur

Band 144   Miriam Magall
**Kleine Geschichte der
jüdischen Kunst**

Band 145   James F. Fixx
**Rätsel und Denkspiele mit
Seitensprung**

Band 146
Rose-Marie und Rainer Hagen
**Warum trägt die Göttin einen
Landsknechtshut?**

Band 147
Astrid und Joachim Knuf
Amulette und Talismane

Band 148   Renée Violet
**Kleine Geschichte der
japanischen Kunst**

Band 149   Lawrence Treat
Detektive auf dem Glatteis

Im Juli 1984 erscheinen:

Band 150
Alexandra Lavizzari-Raeuber
**Thangkas   Rollbilder aus dem
Himalaya**

Band 151   Hartmut Kraft
**Psychoanalyse,
Kunst und Kreativität heute**

Band 152   Peter F. Dunkel
Schattenfiguren – Schattenspiel

Band 153   Ingeborg Ebeling
Masken und Maskierung